こども日《にっ》本《ぽん》の歴《れき》史《し》

齋《さい》藤《とう》孝《たかし》

はじめに

なぜ、歴史《れきし》を勉強《べんきょう》するの？

小《しょう》学校《がっこう》の社会科《しゃかいか》の目的《もくてき》のひとつは、日本《にっぽん》の歴史《れきし》を学《まな》ぶことです。じつはこの歴史《れきし》の知識《ちしき》は、中学《ちゅうがく》や高校《こうこう》、おとなになってからもたいせつなものです。

では、なぜ歴史《れきし》を勉強《べんきょう》しなければいけないのでしょうか。

それは、お父《とう》さん・お母《かあ》さんやおじいさん・おばあさん、さらにそのご先《せん》祖《ぞ》がどのようなことをしてきたのかを知《し》ることが、いまの日本《にっぽん》で生《い》きるぼくたちの未来《みらい》を考《かんが》えるうえで、とても役立《やくだ》つからです。

でも、日本《にっぽん》の歴史《れきし》はとても長《なが》いですから、おとなでもちゃんと知《し》っている人《ひと》はすくないかもしれません。

歴史《れきし》というとたくさんのことを覚《おぼ》えなければいけないと思《おも》うかもしれませんが、そんなことはありません。ぼくは、歴史《れきし》は細《こま》かいことを覚《おぼ》えるよりも、全体《ぜんたい》の流《なが》れを知《し》っていることがたいせつだと思《おも》っています。

だから、まず大《おお》きな流《なが》れはどうなっているのかということを、「ざっくり」と頭《あたま》に入《い》れてしまおう。これがこの本《ほん》のやりかたです。

「ざっくり」なので、「くり」をキャラクターにしました。

知《し》らない土地《とち》に行《い》ったらまず地図《ちず》を見《み》るよね。地図《ちず》を見《み》れば、歩《ある》いていても「だいたいこのあたりだ」とわかるので道《みち》にまよいにくいし、近道《ちかみち》もみつけやすくなります。

それと同《おな》じで、日本《にっぽん》の歴史《れきし》についても「地図《ちず》」のように全体《ぜんたい》を知《し》っておくといいと思《おも》っています。

あとで授業《じゅぎょう》で聞《き》いたり、教科書《きょうかしょ》で読《よ》んだりしたことが「これは、この時《じ》代《だい》のことだ」と、だんぜん頭《あたま》に入《はい》りやすくなります。

歴史《れきし》でいうところの「地図《ちず》」が、「年表《ねんぴょう》」とよばれるものです。できごとを起《お》きた順番《じゅんばん》にならべたものですが、この本《ほん》ではイラストなどで理解《りかい》しやすいよう、ひとくふうを加《くわ》えた「ざっくり年表《ねんぴょう》」をつくりました。

説明《せつめい》の文章《ぶんしょう》とあわせて見《み》てもらうと、よりわかりやすくなるはずです。

この本《ほん》の読《よ》みかた

日本《にっぽん》の歴史《れきし》は長《なが》いけれども、この本《ほん》では大《おお》きく5個《こ》の章《しょう》にわけてみました。ふつうは古《ふる》い時代《じだい》、つまり古代《こだい》からはじめますが、そうではなく、いまの時代《じだい》にとって大事《だいじ》なものからやりたいと思《おも》います。

1章《しょう》、最初《さいしょ》は開国《かいこく》から明治維新《めいじいしん》へという、いまみなさんがくらす日本《にっぽん》の国《くに》のかたちに近《ちか》いものができあがった時代《じだい》をきっかけにします。そして、なぜ日本《にっぽん》が中国《ちゅうごく》やアメリカと戦争《せんそう》をして、負《ま》けてしまうことになったのかを考《かんが》えます。

そこから時代《じだい》を逆《ぎゃく》にさかのぼっていきます。2章《しょう》では江戸時代《えどじだい》、いまはすくなくなりましたがテレビの時代劇《じだいげき》でえがかれるお殿《との》さまの世《よ》のなかを、そして3章《しょう》では、その江戸時代《えどじだい》までは日本《にっぽん》にいた「武士《ぶし》」たちの時代《じだい》はいつからはじまったんだろうということを見《み》ます。

そのような武士《ぶし》の時代《じだい》になる前《まえ》、そもそも「日本《にっぽん》」という国《くに》がいつできたのか、国《くに》づくりをしたのはだれなんだろう、というのが4章《しょう》です。

そこまでさかのぼって、最後《さいご》の5章《しょう》では、いまの時代《じだい》にタイムマシンのようにもう一度《いちど》戻《もど》ってきます。日本《にっぽん》が戦争《せんそう》に負《ま》けてから、現代《げんだい》にいたるまでをふりかえります。

みなさんにとっては「歴史《れきし》」になるこの時代《じだい》も、みなさんの親《おや》・祖父母《そふぼ》の世代《せだい》にとっては自分《じぶん》が生《い》きてきた時代《じだい》です。

このように、この本《ほん》では教科書《きょうかしょ》とはちょっと違《ちが》って、時代《じだい》をさかのぼって最初《さいしょ》のところまで行《い》ったら最後《さいご》に戻《もど》るという順番《じゅんばん》になっています。通《とお》して読《よ》むと時代《じだい》の流《なが》れ（むずかしい言葉《ことば》で「時間軸《じかんじく》」といいます）がつかめるはずです。

そのうえで、学校《がっこう》や塾《じゅく》でさらに勉強《べんきょう》をしてもらうと、どんどん歴史《れきし》がわかるようになります。それが「ざっくり」のすばらしいところです。

齋藤《さいとう》 孝《たかし》

もくじ

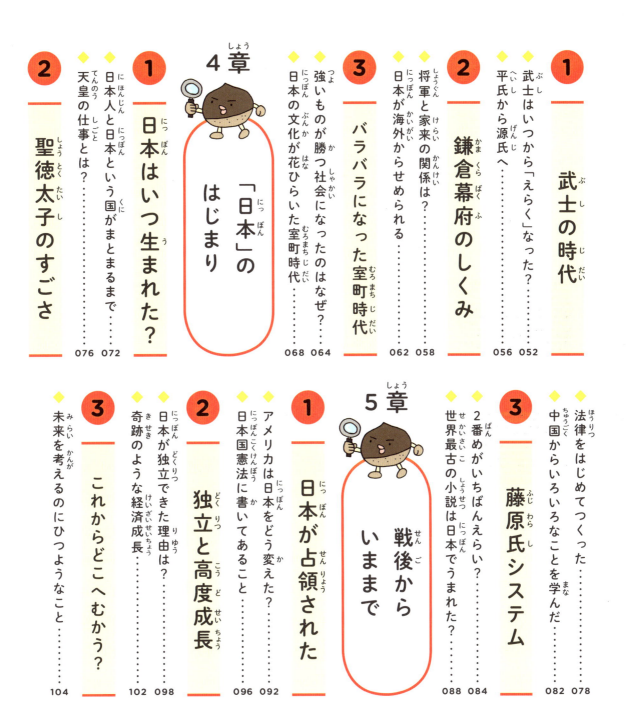

この本《ほん》のつくり

この本《ほん》では大《おお》きく5個《こ》の章《しょう》にわけてみました。
普通《ふつう》は古《ふる》い時代《じだい》、つまり古代《こだい》からはじめますが、
いまの時代《じだい》にとって大事《だいじ》なものからやりたいと思《おも》います。

むかし

4章《しょう》

「日本《にっぽん》」のはじまり

1 日本《にっぽん》はいつ生《う》まれた？
2 聖徳太子《しょうとくたいし》のすごさ
3 藤原氏《ふじわらし》システム

3章《しょう》

武《ぶ》士《し》の世《よ》のはじまり

1 武士《ぶし》の時代《じだい》
2 鎌倉幕府《かまくらばくふ》のしくみ
3 バラバラになった室町時代《むろまちじだい》

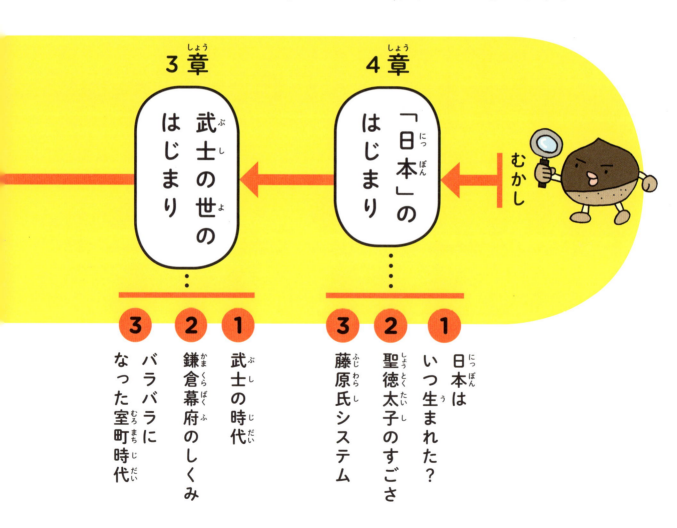

本書《ほんしょ》のなかでは、
案内人《あんないにん》の
ざっクリくんと
いっしょに歴史《れきし》を
たどっていきます。

案内人《あんないにん》
ざっクリくん

2章《しょう》
長《なが》く続《つづ》いた江戸《えど》時代《じだい》

1. 信長《のぶなが》・秀吉《ひでよし》・家康《いえやす》
2. 江戸《えど》時代《じだい》が長《なが》かった理由《りゆう》
3. 日本《にっぽん》らしさは、だいたい江戸《えど》時代《じだい》？

1章《しょう》
開国《かいこく》から戦争《せんそう》まで

1. 鎖国《さこく》から開国《かいこく》へ
2. 明治維新《めいじいしん》
3. なぜ戦争《せんそう》をしたのか

5章《しょう》
戦後《せんご》からいままで

1. 日本《にっぽん》が占領《せんりょう》された
2. 独立《どくりつ》と高度成長《こうどせいちょう》
3. これからどこへむかう？

いまに近《ちか》い

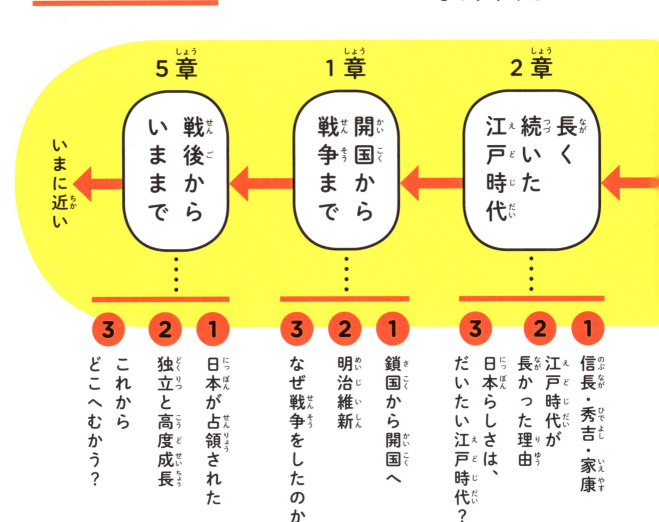

1章《しょう》

開《かい》国《こく》から戦《せん》争《そう》まで

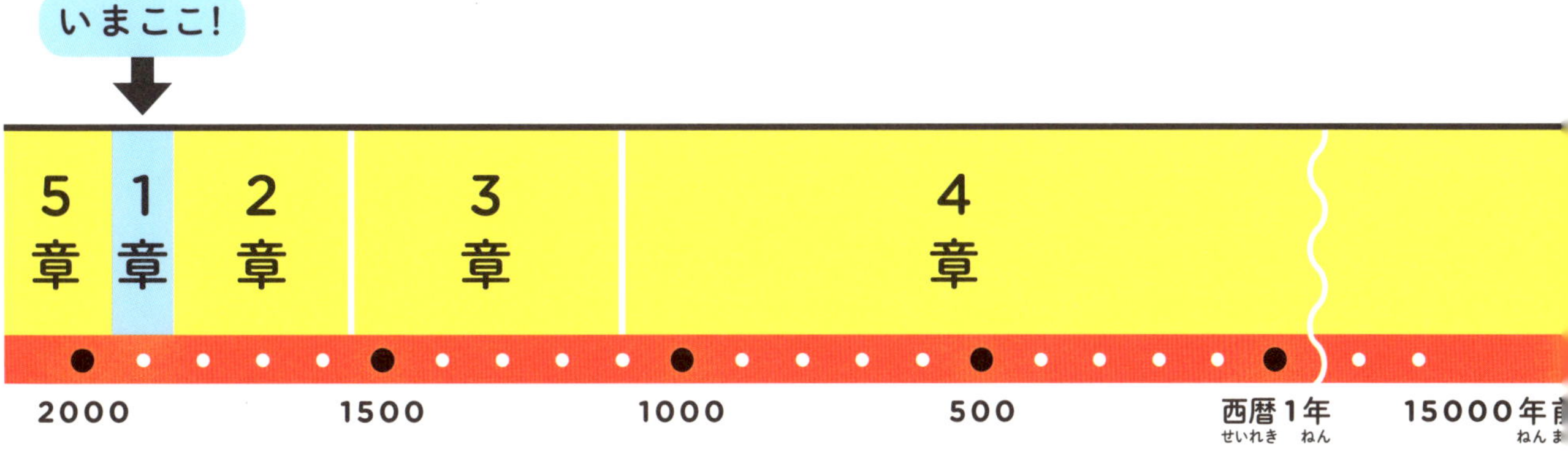

1 鎖《さ》国《こく》から開《かい》国《こく》へ

頭《あたま》はちょんまげ、着物《きもの》を着《き》て、こしに刀《かたな》をさしている。いまではテレビのなかでしか見《み》ませんが、日本人《にほんじん》がそうした〝日本人《にほんじん》っぽい〟

江戸時代《えどじだい》が終《お》わったのはなぜ？

姿《すがた》をしていたのは江戸時代《えどじだい》まででした。

江戸時代《えどじだい》が終《お》わり明治時代《めいじじだい》に入《はい》ると、西洋化《せいようか》がすすみ、武士《ぶし》が刀《かたな》をもつことも禁止《きんし》されます（廃刀令《はいとうれい》）。日本人《にほんじん》にとっては、とても大《おお》きな変化《へんか》です。

では、徳川家康《とくがわいえやす》にはじまる徳川家《とくがわけ》のお殿《との》さま（将軍《しょうぐん》）が15代《だい》、約《やく》260年《ねん》にわたって日本《にっぽん》をおさめてきた江戸時代《えどじだい》が終《お》わったのは、なぜでしょうか？

その大《おお》きなきっかけが、「開国《かいこく》」です。

開国《かいこく》とは、国《くに》を開《ひら》く。つまり、外国《がいこく》の人《ひと》を受《う》け入《い》れるということです。ということは、それより前《まえ》は外国《がいこく》の人《ひと》が日本《にっぽん》にくるのを禁止《きんし》していたということで、これを「鎖国《さこく》」とよんでいます（オランダなどの例外《れいがい》はありました）。

その鎖国《さこく》をしていた日本《にっぽん》に、ペリーというアメリカ人《じん》が「黒船《くろふね》」（外国船《がいこくせん》は黒《くろ》くぬられていたのでこうよばれました）に乗《の》ってやってきて開国《かいこく》をせまりました。

江戸幕府《えどばくふ》（徳川家《とくがわけ》の政権《せいけん》）はあわてますが、どうしていいのかわからないうちに不《ふ》利《り》な条約《じょうやく》を結《むす》ばされてしまい、開国《かいこく》して横浜《よこはま》や神戸《こうべ》などの港《みなと》を開《ひら》くことになります。

武士《ぶし》のあいだでは、このままだと日本《にっぽん》は外国《がいこく》にのっとられてしまうという危機感《ききかん》が高《たか》まります。そのため「外国《がいこく》は追《お》いはらえ」という声《こえ》（攘夷《じょうい》といいます）が多《おお》くなっていきます。しかし、武力《ぶりょく》で外国《がいこく》に勝《か》てないのはあきらかでした。

すると、「だめな幕府《ばくふ》をたおして、西洋《せいよう》のような近代的《きんだいてき》な国《くに》をつくろう」という考《かんが》え方《かた》がひろまりました。

日本《にっぽん》は、外国《がいこく》に負《ま》けないように、自分《じぶん》を変《か》えたんだ

土佐藩《とさはん》（いまの高知県《こうちけん》）の坂本《さかもと》龍馬《りょうま》、薩摩藩《さつまはん》（鹿児島県《かごしまけん》）の西郷《さいごう》隆盛《たかもり》、長州藩《ちょうしゅうはん》（山口県《やまぐちけん》）の高杉晋《たかすぎしん》作《さく》といった人《ひと》たちが活躍《かつやく》して、薩摩《さつま》と長州《ちょうしゅう》は手《て》をむすんで幕府《ばくふ》をたおそうとします。

1853

ペリー
黒船《くろふね》来航《らいこう》

1854

開国《かいこく》

（ペリー
2回目《かいめ》の来航《らいこう》）
日米和親条約《にちべいわしんじょうやく》

1867

江戸幕府《えどばくふ》の終《お》わり

大政奉還《たいせいほうかん》
新政府《しんせいふ》の誕生《たんじょう》

いろいろな武士《ぶし》たちが協力《きょうりょく》して、
江戸幕府《えどばくふ》をたおそうとしたんだ

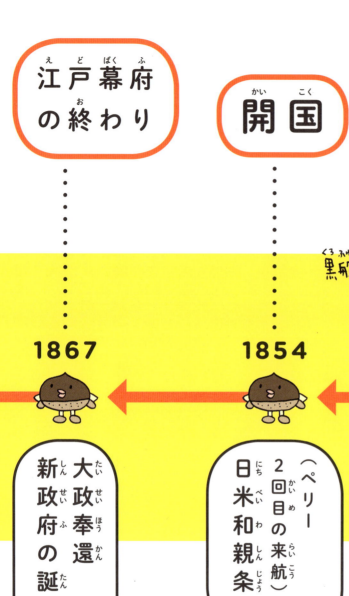

明治政府《めいじせいふ》の新《あたら》しい政策《せいさく》

武士《ぶし》は刀《かたな》をもてなくなってちょんまげも切《き》りおとしたんだね

1868（明治元年《めいじがんねん》）
江戸城《えどじょう》あけわたし

1871
廃《はい》藩《はん》置《ち》県《けん》

1876
廃《はい》刀《とう》令《れい》

大《おお》きな戦争《せんそう》もなく、江戸時代《えどじだい》は終《お》わったんだ

勝《かつ》海《かい》舟《しゅう》と坂《さか》本《もと》龍《りょう》馬《ま》は敵《てき》であり師《し》弟《てい》でもある？

さて、薩摩《さつま》と長州《ちょうしゅう》が幕府《ばくふ》へ武力攻撃《ぶりょくこうげき》をしかけようとしていることを知《し》った将軍《しょうぐん》**徳川慶喜《とくがわよしのぶ》**は政権《せいけん》を天皇《てんのう》に返《かえ》します（**大政奉還《たいせいほうかん》**）。

いっぽう、幕府《ばくふ》をたおそうとする勢力《せいりょく》は**「王政復古《おうせいふっこ》の大号令《だいごうれい》」**を出《だ》して新《あたら》しい政権《せいけん》をうちたてます。

慶喜《よしのぶ》の幕府軍《ばくふぐん》は戦《たたか》おうとしますが、すぐにやぶれてしまいます。その後《ご》、幕府側《ばくふがわ》の**勝海舟《かつかいしゅう》**と新政府側《しんせいふがわ》の西郷隆盛《さいごうたかもり》との間《あいだ》で話《はな》しあい、江戸城《えどじょう》のあけわたしが決《き》まります。

その後《ご》も会津藩《あいづはん》（福島県《ふくしまけん》）など東北《とうほく》で戦《たたか》いは起《お》きますが、けっきょく新政府《しんせいふ》が勝利《しょうり》し、1868年《ねん》に元号《げんごう》が明治《めいじ》と改《あらた》められました。

ちょっとおもしろいのは、坂本龍馬《さかもとりょうま》は勝海舟《かつかいしゅう》のお弟子《でし》さんなんですね。勝海舟《かつかいしゅう》は幕府《ばくふ》の人《ひと》です。その弟子《でし》である坂本龍馬《さかもとりょうま》が薩摩《さつま》と長州《ちょうしゅう》を結《むす》びつけて幕府《ばくふ》をたおそうとしたというと、「あれ、なぜだろう？」となるわけです。

そもそも龍馬《りょうま》は、最初《さいしょ》は勝海舟《かつかいしゅう》を敵《てき》だと思《おも》っていたのですが、逆《ぎゃく》に説得《せっとく》されて弟子《でし》になるのです。

じつは勝海舟《かつかいしゅう》という人《ひと》は幕府《ばくふ》の人間《にんげん》であるにもかかわらず、幕府《ばくふ》はこのままではだめだ、と考《かんが》えていたんですね。だから、同《おな》じ考《かんが》えをもつ坂本龍《さかもとりょう》馬《ま》に知識《ちしき》を教《おし》えたのでしょう。

勝海舟《かつかいしゅう》は、幕府《ばくふ》をたおした西郷隆盛《さいごうたかもり》とも信頼《しんらい》しあっていました。

勝海舟《かつかいしゅう》も龍馬《りょうま》も西郷隆盛《さいごうたかもり》も、敵《てき》・味方《みかた》だけで人《ひと》を判断《はんだん》しない、本当《ほんとう》の「人《ひと》を見《み》る目《め》」をもっていたということです。

そのころインドはイギリスの植民地《しょくみんち》（支配《しはい》された国《くに》）になっていました、中国《ちゅうごく》にも欧米《おうべい》（ヨーロッパやアメリカ）の国《くに》が手《て》をのばしていました。他国《たこく》を侵略《しんりゃく》しようとする動《うご》きを**「帝国主義《ていこくしゅぎ》」**といいます。

武士《ぶし》たちは、どうしたら日本《にっぽん》が生《い》き残《のこ》れるかを本気《ほんき》で考《かんが》えました。だからこそ、幕府《ばくふ》を守《まも》ったほうがよいか、それともたおして新《あたら》しい政府《せいふ》をつくったほうがよいかでぶつかりあったのです。

そのけっか、幕府《ばくふ》をたおして西洋《せいよう》のしくみをとりいれた新《あたら》しい日本《にっぽん》に生《う》まれかわろうとした、それが**明治維新《めいじいしん》**です。

2 明《めい》治《じ》維《い》新《しん》

国《くに》を新《あたら》しくするってどういうこと？

さて、江戸幕府《えどばくふ》の時代《じだい》が終《お》わり、天皇《てんのう》を中心《ちゅうしん》とした明治《めいじ》の新政府《しんせいふ》になった。ただ、それだけでは何《なに》も変《か》わりません。**国《くに》を新《あたら》しくするために必要《ひつよう》なものは何《なん》でしょうか？**

それは、国《くに》を動《うご》かす制度《せいど》づくりと経済発展《けいざいはってん》です。そこで明治政府《めいじせいふ》は**「富《ふ》国《こく》強《きょう》兵《へい》」**、つまり国《くに》を富《と》ませて強《つよ》い兵《へい》（軍隊《ぐんたい》）をもつためにさまざまなことをします。

明治政府《めいじせいふ》はまず**「五《ご》箇《か》条《じょう》の御《ご》誓《せい》文《もん》」**を出《だ》します。これは国《くに》の方針《ほうしん》を示《しめ》したものです。政治《せいじ》は会議《かいぎ》を開《ひら》いて国民《こくみん》の意見《いけん》で決《き》めようとか、知識《ちしき》を世界《せかい》に学《まな》んで国《くに》を栄《さか》えさせよう、といった内容《ないよう》でした。

また、**「四民平等《しみんびょうどう》」**で、**「士農工商《しのうこうしょう》」**（武士《ぶし》・農民《のうみん》・職人《しょくにん》・商人《しょうにん》）の身分制度《みぶんせいど》がなくなりました。武士《ぶし》は刀《かたな》をもてなくなり、ちょんまげを切《き》り落《お》としました。

福沢諭吉《ふくざわゆきち》は『学問《がくもん》のすすめ』という本《ほん》を書《か》いて、国《くに》の独立《どくりつ》のためには、個人《こじん》が勉強《べんきょう》をすることで独立《どくりつ》することがたいせつだといいました。

このように新《あたら》しい時代《じだい》がはじまったわけですが、その中《なか》でも大《おお》きいのは「廃藩置県《はいはんちけん》」です。江戸時代《えどじだい》の「藩《はん》」をなくして、いまのような「県《けん》」などをつくりました。藩《はん》は、それぞれの大名《だいみょう》がおさめる国《くに》でもありました。徳川《とくがわ》の家臣《かしん》ですが、藩《はん》では大名《だいみょう》がいちばん偉《えら》い。それをやめて、県《けん》をおさめる知事《ちじ》や県令《けんれい》は国《くに》が決《き》めることにしたのです。

とうぜん、それまで藩《はん》をおさめていた大名《だいみょう》は仕事《しごと》をうしないます。ふつう、こういうことをされたら反乱《はんらん》がおきそうなものですが、そうはなりませんでした。これは日本《にっぽん》らしいおもしろいところです。

親分《おやぶん》である徳川家《とくがわけ》がやめたのでしかたないか、とでもいうように大名《だいみょう》たちもしたがった。国《くに》じゅうが戦《たたか》いにあけくれるような混乱《こんらん》があまりなく、こうした大改革《だいかいかく》ができたことは日本《にっぽん》にとって幸運《こううん》でした。

外国《がいこく》からとりいれたのは「モノより制度《せいど》」だったんだ

殖《しょく》産《さん》興《こう》業《ぎょう》

鉄《てつ》道《どう》をつくった

工《こう》場《じょう》をつくった

外《がい》国《こく》人《じん》に技《ぎ》術《じゅつ》を教《おしえ》えてもらったんだね

文《ぶん》明《めい》開《かい》化《か》

学《がっ》校《こう》をつくった

洋《よう》風《ふう》建《けん》築《ちく》やガス灯《とう》ができた

民《みん》主《しゅ》主《しゅ》義《ぎ》

自《じ》由《ゆう》民《みん》権《けん》運《うん》動《どう》

薩《さつ》摩《ま》・長州《ちょうしゅう》だけじゃなく、みんなの意《い》見《けん》で国《くに》のことを決《き》めよう

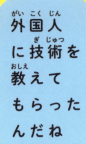

銀《ぎん》行《こう》をつくった

北《ほっ》海《かい》道《どう》を開《かい》拓《たく》した

洋《よう》服《ふく》をきて、洋《よう》食《しょく》を食《た》べるようになった

大《だい》日《にっ》本《ぽん》帝《てい》国《こく》憲《けん》法《ぽう》をつくる

帝《てい》国《こく》議《ぎ》会《かい》をひらく

工場《こうじょう》も鉄道《てつどう》も銀行《ぎんこう》も学校《がっこう》も、明治時代《めいじじだい》にできた

明《めい》治維新《じいしん》で、日本《にっぽん》はアジアではじめて西洋《せいよう》のような近代化《きんだいか》に成功《せいこう》しました。では、**「西洋《せいよう》のような国《くに》」というのは、どのような意味《いみ》でしようか？**

いちばん大《おお》きいのが**「殖産興業《しょくさんこうぎょう》」**をなしとげたことです。工場《こうじょう》をつくって新《あたら》しい産業《さんぎょう》をつぎつぎとおこしていったのです。

世界遺産《せかいいさん》になった**富岡製糸場《とみおかせいしじょう》**もそのころに国《くに》がつくった工場《こうじょう》です。器械《きかい》で糸《いと》をつくる技術《ぎじゅつ》をもった外国人《がいこくじん》をやとって教《おし》えてもらいました。

新橋《しんばし》から横浜《よこはま》までを走《はし》る日本《にほん》初《はつ》の**鉄道《てつどう》（いまの電気《でんき》で動《うご》く電車《でんしゃ》ではなく、蒸気機関車《じょうききかんしゃ》でした）**もできます。

お金《かね》を預《あず》ける**銀行《ぎんこう》**が日本《にっぽん》にはじめてできたのも明治時代《めいじじだい》です。お金《かね》の単位《たんい》も「両《りょう》」からいまの「円《えん》」に変《か》わりました。銀行《ぎんこう》がお金《かね》をかしてくれるので、多《おお》くの人《ひと》が「会社《かいしゃ》」をつくることができるようになりました。

明治政府《めいじせいふ》がしたのはこれだけではありません。

みなさんが通《かよ》う**学校**《がっこう》ができたのもこのころです。学校《がっこう》をつくるとなったら、あっというまに全国《ぜんこく》に1万校《まんこう》くらいつくってしまう。明治時代《めいじじだい》の小《しょう》学校《がっこう》は校舎《こうしゃ》も授業《じゅぎょう》スタイルもいまとほとんどおなじです。

さらに、国《くに》のきほん的《てき》な決《き》まりである**「憲法《けんぽう》」（大日本帝国憲法《だいにっぽんていこくけんぽう》）**をつくります。そして、国民《こくみん》の声《こえ》を政治《せいじ》に反映《はんえい》させるために**「議会《ぎかい》」**をつくって、選挙《せんきょ》をして代表者《だいひょうしゃ》を選《えら》ぶようになりました。

なによりも、いちばんの目標《もくひょう》であった強《つよ》い軍隊《ぐんたい》をもつために、軍艦《ぐんかん》をつくったり、西洋《せいよう》の戦《たたか》いかたをとりいれたりしました。

これだけたくさんのことを短《みじか》い時間《じかん》でやったのですから、ものすごいスピード感《かん》です。先《さき》に近代化《きんだいか》していた西洋《せいよう》の国《くに》ぐにの制度《せいど》を勉強《べんきょう》して、それを日本《にっぽん》に合《あ》うようにつくりなおすのは大変《たいへん》なことだったと思《おも》います。

そのころの日本人《にほんじん》たちには、それをやりとげるだけの熱気《ねっき》とパワーがありました。明治時代《めいじじだい》は、日本《にっぽん》という国《くに》にとって青春時代《せいしゅんじだい》のような希望《きぼう》にあふれた時代《じだい》だったといえるのかもしれません。

3 なぜ戦争《せん》争《そう》をしたのか

戦争《せんそう》は本当《ほんとう》にふせげなかった？

日《にっ》本《ぽん》が最後《さいご》にした戦争《せんそう》は、アメリカなどと戦《たたか》った**太平洋《たいへいよう》戦争《せんそう》**です。最終的《さいしゅうてき》に、1945年《ねん》8月《がつ》に**広島《ひろしま》**と**長崎《ながさき》**に**原子爆弾《げんしばくだん》**を落《お》とされて負《ま》けました。

負《ま》けた結果《けっか》、日本《にっぽん》は**占領《せんりょう》**されることになります。戦争《せんそう》でなくなった兵隊《へいたい》さんの数《かず》は230万人《まんにん》といわれますし、多《おお》くの一般人《いっぱんじん》も空襲《くうしゅう》などでなくなりました。**沖縄《おきなわ》**ではアメリカ軍《ぐん》が上陸《じょうりく》し、戦闘《せんとう》がおこなわれました。

いちばんの疑問《ぎもん》は、なぜ戦争《せんそう》をふせげなかったのか？　ということです。

ぼくはそれをずっと考《かんが》えていたのですが、明治時代《めいじじだい》よりあとの日本《にっぽん》の歴史《れきし》は、戦争《せんそう》を中心《ちゅうしん》にみていくことでよくわかります。

なぜ遠《とお》くはなれたアメリカと戦《たたか》わなければいけなかったのかというと、日本《にっぽん》が東南《とうなん》アジアを支配《しはい》しようとしたからです。アメリカはそれが気《き》にいりませんでした。
日本《にっぽん》は、東南《とうなん》アジアの資源《しげん》（石油《せきゆ》など）がほしかったのです。日本《にっぽん》は1937年《ねん》から中国《ちゅうごく》と戦《たたか》っていました（**日中戦争**《にっちゅうせんそう》）。戦争《せんそう》をするには鉄《てつ》や石油《せきゆ》などがたくさんいりますが、国内《こくない》だけではたりませんでした。

中国《ちゅうごく》との戦《たたか》いの理由《りゆう》は、さらにさかのぼって1931年《ねん》に**満州事変**《まんしゅうじへん》があって、日本《にっぽん》の陸軍《りくぐん》の一部《いちぶ》が、かつて**満州国**《まんしゅうこく》という植民地《しょくみんち》を中国《ちゅうごく》の北《きた》のほうにつくったことがあげられます。

この満州《まんしゅう》を手《て》に入《い》れられたのは、1904〜05年《ねん》の**日露戦争**《にちろせんそう》でロシアに勝《か》ったからです。そして、この勝利《しょうり》のあと、1910年《ねん》に日本《にっぽん》は韓国《かんこく》を併合《へいごう》しました。

この朝鮮半島《ちょうせんはんとう》を手《て》に入《い》れたいと思《おも》ったので、まず**清**《しん》（中国《ちゅうごく》）とぶつかりました。これが**日清戦争**《にっしんせんそう》（1894年《ねん》）です。この戦争《せんそう》の勝利《しょうり》をきっかけとして、近代化《きんだいか》した日本《にっぽん》は戦争《せんそう》をくりかえす国《くに》となったのです。

国《くに》を守《まも》りたくて、ふくらんだらぶつかってしまったんだね

陸軍《りくぐん》の暴走《ぼうそう》

近代化《きんだいか》した日本《にっぽん》は海外《かいがい》へ

1937	1931	1904	1894
日中戦争《にっちゅうせんそう》	満州事変《まんしゅうじへん》	日露戦争《にちろせんそう》	日清戦争《にっしんせんそう》

日本《にっぽん》も植民地《しょくみんち》をつくろうとしたんだ

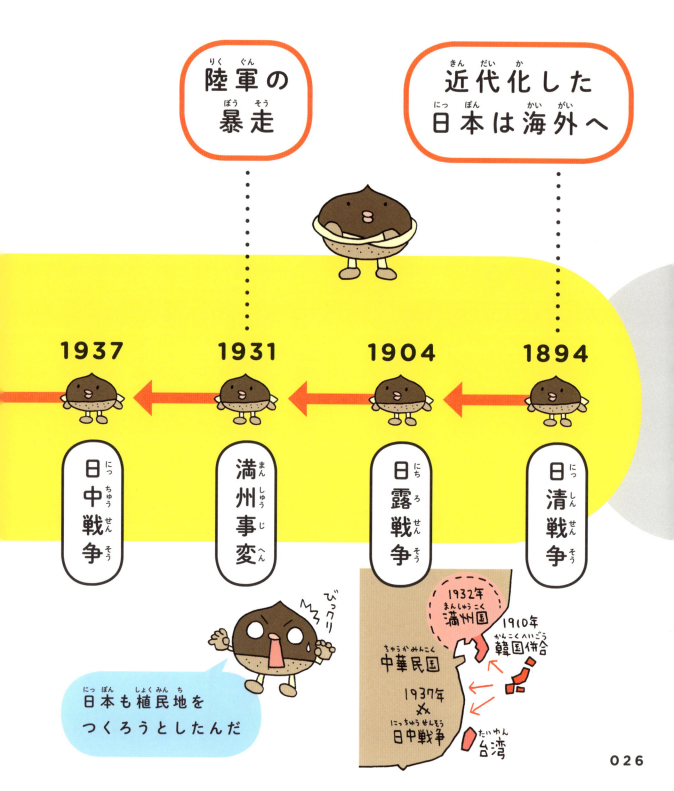

戦争《せんそう》でとても
大《おお》きなひがいを
うけたんだ

アメリカとの戦《たたか》い

1939
第《だい》二《に》次《じ》世《せ》界《かい》大《たい》戦《せん》

1941
太《たい》平《へい》洋《よう》戦《せん》争《そう》

1945
敗《はい》戦《せん》

世界《せかい》じゅうを
まきこんだ戦争《せんそう》
だったんだね

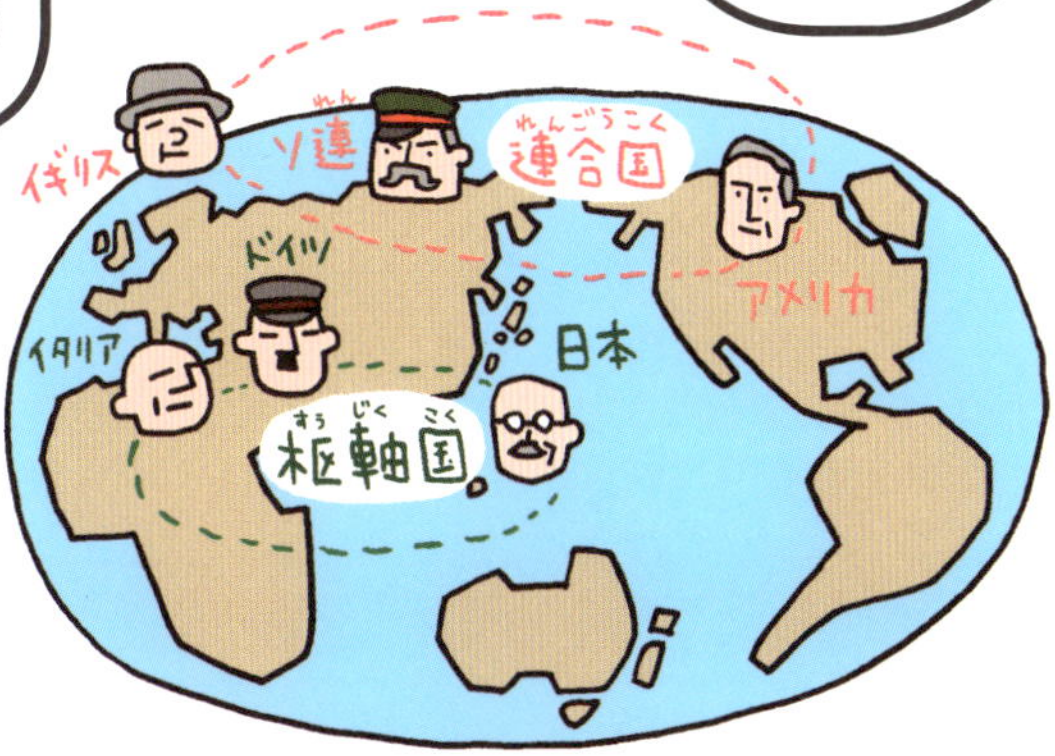

まちがいは、植民地《しょくみんち》をほしがってしまったこと

そもそも、**「明治維新《めいじいしん》はなんのために必要《ひつよう》だったのか?」**を、もういちどふりかえってみましょう。

江戸時代《えどじだい》の終《お》わりに欧米《おうべい》の国《くに》ぐにに支配《しはい》されることをおそれた武士《ぶし》たちは、江戸幕府《えどばくふ》をたおして新《あたら》しく近代的《きんだいてき》で強《つよ》い国《くに》をつくろうとしました。明治《めいじ》政府《せいふ》は、それをみごとにやりとげ、日本《にっぽん》はアジアではじめて**近代化《きんだいか》**に成《せい》功《こう》して、強《つよ》い軍隊《ぐんたい》をもつことができました。

すると、強《つよ》くなったのだから、自分《じぶん》たちが外《そと》に出《で》ていこうとしてしまったのです。当時《とうじ》、江戸時代《えどじだい》の日本《にっぽん》と同《おな》じように鎖国《さこく》をしていた朝鮮《ちょうせん》に開国《かいこく》をせまり、国内《こくない》では**「征韓論《せいかんろん》」**といって武力《ぶりょく》で言《い》うことをきかせようとする意見《いけん》も出《で》ました。

江戸時代《えどじだい》の終《お》わりに**植民地化《しょくみんちか》**されることをおそれて近代化《きんだいか》した日本《にっぽん》は、とうとう自分《じぶん》が植民地《しょくみんち》を手《て》に入《い》れました。西洋近代化《せいようきんだいか》に成功《せいこう》した日本《にっぽん》は、この「植民地《しょくみんち》がほしい」という考《かんが》え(**帝国主義《ていこくしゅぎ》**)もいっしょにとりいれてしまったのです。

ここに大《おお》きな原因《げんいん》がありそうです。近代化《きんだいか》して独立《どくりつ》を守《まも》るまではいいとして、自分《じぶん》は植民地《しょくみんち》にされたくなかったのに韓国《かんこく》を併合《へいごう》しました。

「己《おのれ》の欲《ほっ》せざるところ人《ひと》に施《ほどこ》すことなかれ（自分《じぶん》がいやなことは人《ひと》にしてはならない）」というのは中国《ちゅうごく》で2500年前《ねんまえ》に**孔子《こうし》**という大先生《だいせんせい》が言《い》った言葉《ことば》ですが、それを江戸時代《えどじだい》の人《ひと》はだいじにしていたわけです。明治《めいじ》になって、日本人《にほんじん》はそれを忘《わす》れてしまいました。

カエルが牛《うし》の大《おお》きさにはりあおうとしてお腹《なか》をふくらませていたら、パンと破裂《はれつ》してしまったという話《はなし》がありますが、帝国主義《ていこくしゅぎ》をめざした日本《にっぽん》のたどった道《みち》はそれとにています。

もちろん、日本《にっぽん》をふくめてそれぞれの国《くに》には自分《じぶん》の国民《こくみん》を守《まも》りたいという考《かんが》えがあるのですが、それが**領土《りょうど》のとりあい**になると最終的《さいしゅうてき》に戦争《せんそう》になってしまいます。

それがおきてしまったのが、第二次世界大戦《だいにじせかいたいせん》（アメリカ・イギリス・ソ連《れん》などの連合国《れんごうこく》と、ドイツ・イタリア・日本《にっぽん》など枢軸国《すうじくこく》の戦《たたか》い）でした。日本《にっぽん》とアメリカなどの太平洋戦争《たいへいようせんそう》は、この第二次世界大戦《だいにじせかいたいせん》の一部《いちぶ》だったのです。

2章《しょう》

長《なが》く続《つづ》いた江《え》戸《ど》時《じ》代《だい》

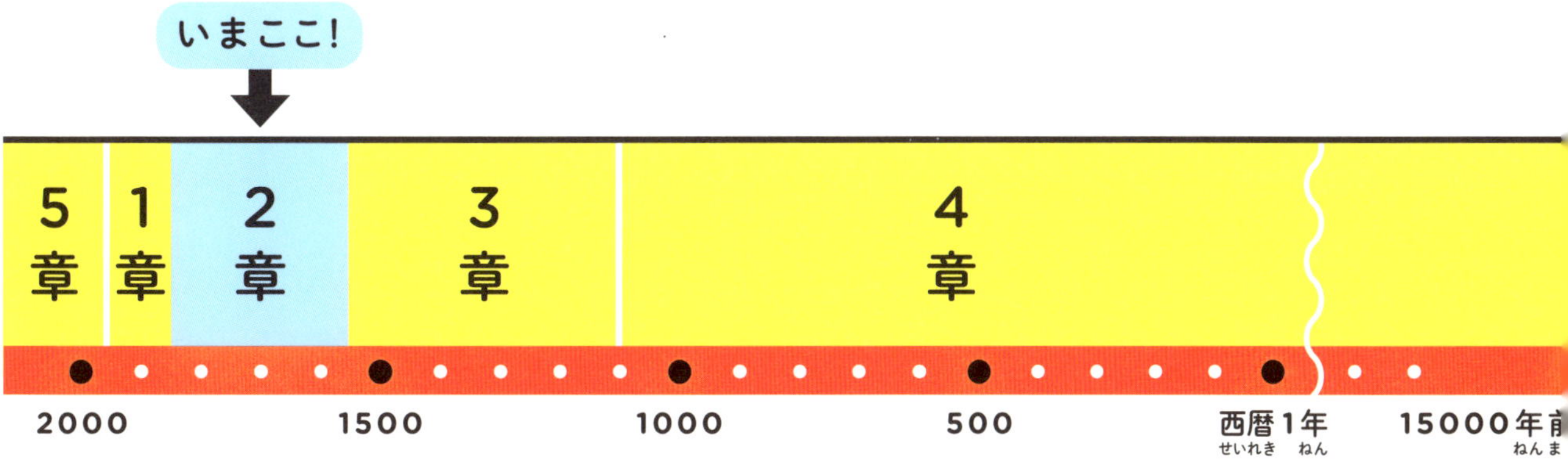

1 信《のぶ》長《なが》・秀《ひで》吉《よし》・家《いえ》康《やす》

「天《てん》下《か》統《とう》一《いつ》」のすごさとは？

江《え》戸《ど》時代《じだい》は、**徳川家康**《とくがわいえやす》という武将《ぶしょう》が日本全国《にっぽんぜんこく》を支配《しはい》してから、およそ260年《ねん》つづきました。15代《だい》にわたって家康《いえやす》の子孫《しそん》である徳川《とくがわ》家《け》の将軍《しょうぐん》がおさめた、とても安定《あんてい》した時代《じだい》です。

この本《ほん》を読《よ》んでいるみなさんの多《おお》くは、自分《じぶん》が「日本人《にほんじん》」であることをあたりまえだと思《おも》っているはずです。

じつは、この「日本《にっぽん》がひとつ」という状態《じょうたい》は昔《むかし》からあったわけではありません。

では、日本《にっぽん》がひとつになるまでの道《みち》のりはどのようなものでしょうか？

有名《ゆうめい》な**織田信長**《おだのぶなが》や**武田信玄**《たけだしんげん》、**上杉謙信**《うえすぎけんしん》といった**戦国大名**《せんごくだいみょう》が活躍《かつやく》した戦国時代《せんごくじだい》には、「国《くに》」といえばこれらの大名《だいみょう》たちがおさめていた領地《りょうち》のことでした。

戦国大名《せんごくだいみょう》たちは、自分《じぶん》の領土《りょうど》を広《ひろ》げようと戦《たたか》いをくりかえしましたが、それは

信長《のぶなが》がいいだして、
秀吉《ひでよし》が実現《じつげん》、
家康《いえやす》が安定《あんてい》させた
天下統一《てんかとういつ》

必《かなら》ずしも「日本統一《にっぽんとういつ》」をめざしていたわけではありません。

ですから、いまでいえば「東京《とうきょう》」や「静岡《しずおか》」こそが国《くに》であって、「日本《にっぽん》」という意《い》識《しき》は、一般《いっぱん》の人《ひと》びとはおろか戦国大名《せんごくだいみょう》のほとんどにもあまりなかったのです。

この「日本《にっぽん》をひとつ」にすることを**「天下統一《てんかとういつ》」**といいます。

戦国大名《せんごくだいみょう》のなかで本気《ほんき》で天下統一《てんかとういつ》を意識《いしき》したのが、織田信長《おだのぶなが》です。そして、はじめてそれをなしとげたのが**豊臣秀吉《とよとみひでよし》**でした。その天下統一《てんかとういつ》の状態《じょうたい》を、長《なが》くつづくシステムにしたのが徳川家康《とくがわいえやす》といえるでしょう。

家康《いえやす》は秀吉《ひでよし》の家臣《かしん》でしたが、秀吉《ひでよし》の死後《しご》に息子《むすこ》の**豊臣秀頼《とよとみひでより》**を**大坂《おおさか》の陣《じん》**でやぶって、自分《じぶん》が天下人《てんかびと》の地位《ちい》につきました。

天下統一《てんかとういつ》をはじめてなしとげた秀吉《ひでよし》は、信長《のぶなが》の家来《けらい》でしたから、**信長《のぶなが》→秀吉《ひでよし》→家康《いえやす》**という天下統一《てんかとういつ》の流《なが》れをまず頭《あたま》に入《い》れておくとよいでしょう。

信《のぶ》長《なが》

鳴《な》かぬなら
殺《ころ》してしまえ
ホトトギス

秀《ひで》吉《よし》

天《てん》下《か》統《とう》一《いつ》

1573

室《むろ》町《まち》幕《ばく》府《ふ》を
滅《ほろ》ぼす

1582

本《ほん》能《のう》寺《じ》の変《へん》
信《のぶ》長《なが》が明《あけ》智《ち》光《みつ》秀《ひで》に
たおされる
秀《ひで》吉《よし》が光《みつ》秀《ひで》を
たおす

1590

北《ほう》条《じょう》氏《し》を
滅《ほろ》ぼす

鳴《な》かぬなら鳴《な》かせて
みせようホトトギス

鳴《な》かぬなら
鳴《な》くまでまとう
ホトトギス

家康《いえやす》

- 1592 1597 朝鮮《ちょうせん》をせめる
- 1600 関《せき》ケ《が》原《はら》の戦《たたか》い
- 1603 江《え》戸《ど》幕《ばく》府《ふ》をひらく
- 1614 ー 1615 大坂《おおさか》の陣《じん》 豊臣氏《とよとみし》を滅《ほろ》ぼす

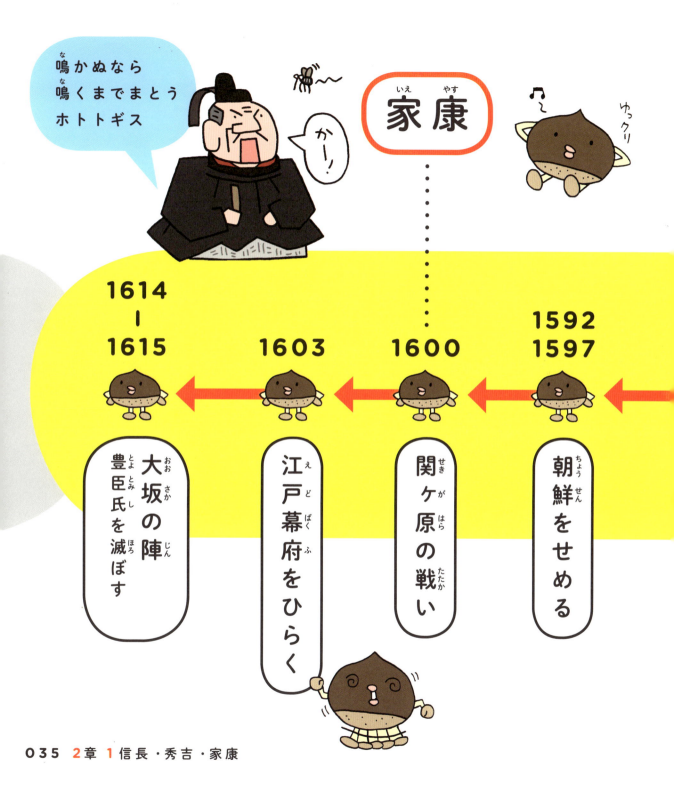

信長《のぶなが》・秀吉《ひでよし》・家康《いえやす》の特《とく》ちょう

天《てん》下統一《かとういつ》にかかわった3人《にん》の武将《ぶしょう》の特《とく》ちょうをあらわした有名《ゆうめい》な句《く》を前《ぜん》ページの年表《ねんぴょう》にあげておきました。

織田信長《おだのぶなが》は尾張《おわり》（いまの愛知県《あいちけん》）の出身《しゅっしん》です。はげしい性格《せいかく》で、戦《たたか》いに強《つよ》く、周囲《しゅうい》の強《つよ》い大名《だいみょう》たちをつぎつぎと負《ま》かして支配《しはい》を広《ひろ》げていきます。

なんといっても有名《ゆうめい》なのは、**長篠《ながしの》の戦《たたか》い**での鉄砲隊《てっぽうたい》です。**武田勝頼《たけだかつより》**（信玄《しんげん》の息子《むすこ》）が昔《むかし》ながらの騎馬部隊《きばぶたい》でせめてくるのに対《たい》して、信長《のぶなが》は3000丁《ちょう》ともいわれる大量《たいりょう》の鉄砲《てっぽう》を準備《じゅんび》してうちはらいました。

このように、信長《のぶなが》はほかの人《ひと》よりも先《さき》に新《あたら》しいものをとりいれる人《ひと》で、ポルトガル人《じん》から手《て》に入《い》れたブーツをはいていたそうです。

信長《のぶなが》は、油断《ゆだん》があったのか家来《けらい》の**明智光秀《あけちみつひで》**に**本能寺《ほんのうじ》**でたおされてしまいます**（本能寺《ほんのうじ》の変《へん》）**。その光秀《みつひで》をやぶったのが豊臣秀吉《とよとみひでよし》でした。

秀吉《ひでよし》は低《ひく》い身分《みぶん》の家《いえ》に生《う》まれましたが、信長《のぶなが》の家来《けらい》となると活躍《かつやく》して出世《しゅっせ》しました。光秀《みつひで》をたおした秀吉《ひでよし》は**大坂城《おおさかじょう》**をたて、小田原《おだわら》の**北条氏《ほうじょううじ》**

政《まさ》をたおし、さらに**伊達政宗《だてまさむね》**など東北地方《とうほくちほう》の大名《だいみょう》も支配下《しはいか》において、ついに天下統一《てんかとういつ》をなしとげます。

統一《とういつ》したといっても武力《ぶりょく》だけの支配《しはい》では長続《ながつづ》きしません。そこで秀吉《ひでよし》がしたのが、**「検地《けんち》」**と**「刀狩《かたなが》り」**です。

検地《けんち》というのは、税《ぜい》をとるために農地《のうち》の広《ひろ》さやお米《こめ》のとれる量《りょう》を記録《きろく》することです。また、刀狩《かたなが》りは農民《のうみん》たちから武器《ぶき》をとりあげることです。農作業《のうさぎょう》に集中《しゅうちゅう》させることで、支配《しはい》しやすくしました。武士以外《ぶしいがい》が刀《かたな》を持《も》たないことで平和《へいわ》にもなりました。

さて、日本《にっぽん》を統一《とういつ》した秀吉《ひでよし》ですが、さらに朝鮮《ちょうせん》や中国《ちゅうごく》（当時《とうじ》は明《みん》）まで支配《しはい》しようとして2回《かい》にわたり約《やく》15万人《まんにん》もの大軍《たいぐん》をおくりこみます。しかし、これは失敗《しっぱい》に終《お》わりました。

秀吉《ひでよし》が死《し》ぬと、その家臣《かしん》だった徳川家康《とくがわいえやす》が力《ちから》を強《つよ》めます。家康《いえやす》は自分《じぶん》に味方《みかた》する大名《だいみょう》をふやし、同《おな》じく豊臣家《とよとみけ》の家臣《かしん》だった**石田三成《いしだみつなり》**を**関ケ原《せきがはら》の戦《たたか》い**でたおすと、**江戸《えど》**（いまの東京《とうきょう》）に**幕府《ばくふ》**を開《ひら》いたのです。

2 江《え》戸《ど》時《じ》代《だい》が長《なが》かった理《り》由《ゆう》

260年《ねん》つづいたシステムとは

江《え》戸《ど》時《じ》代《だい》は260年《ねん》もの長《なが》いあいだ安《あん》定《てい》した時《じ》代《だい》でした。つまり、全《ぜん》国《こく》の大《だい》名《みょう》たちがみんな徳《とく》川《がわ》家《け》にしたがっていたということです。

徳《とく》川《がわ》家《いえ》康《やす》が強《つよ》いからしたがう。でも、家《いえ》康《やす》が死《し》んでしまえばどうなるかわかりません。実《じっ》際《さい》、天《てん》下《か》統《とう》一《いつ》した秀《ひで》吉《よし》が死《し》んだので、息《むす》子《こ》の秀《ひで》頼《より》をたおしたのが家《いえ》康《やす》です。**また、何《なん》世《せ》代《だい》もあとの子《し》孫《そん》にまでだれもがしたがったのはなぜでしょうか？**

それは、徳《とく》川《がわ》家《いえ》康《やす》や**秀《ひで》忠《ただ》**（2代《だい》将《しょう》軍《ぐん》）、**家《いえ》光《みつ》**（3代《だい》将《しょう》軍《ぐん》）たちが、単《たん》に武《ぶ》力《りょく》で支《し》配《はい》しただけでなく、子《し》孫《そん》の代《だい》が滅《ほろ》ぼされないための**「支《し》配《はい》のしくみ」**をのこしたからです。

まず、**「役《やく》割《わり》の分《ぶん》担《たん》」**です。

日《にっ》本《ぽん》全《ぜん》国《こく》を徳《とく》川《がわ》家《け》が直《ちょく》接《せつ》支《し》配《はい》するのはとてもたいへんです。なので、もともといた大名《だいみょう》たちに、その土地《とち》の武士《ぶし》や農民《のうみん》の支配《しはい》をまかせました。

そのうえで、**「大名《だいみょう》を強《つよ》くさせない」**ようにします。

たとえば、ひとつの国《くに》（藩《はん》とよびます）、つまりひとりの大名《だいみょう》にはお城《しろ》をひとつしかつくらせなかったり（**一国一城令《いっこくいちじょうれい》**）、**「武家諸法度《ぶけしょはっと》」**という大名《だいみょう》が守《まも》るべき法律《ほうりつ》をつくったりしました。

その法律《ほうりつ》のきまりのなかでも画期的《かっきてき》なのが、**「参勤交代《さんきんこうたい》」**です。

これは、まず大名《だいみょう》の妻《つま》や子《こ》どもを江戸《えど》に住《す》まわせます。そして大名自身《だいみょうじしん》には、1年《ねん》ごとに自分《じぶん》の国《くに》と江戸《えど》を行《い》き来《き》させるというものでした。

しかも、大名《だいみょう》だけでなく、その家来《けらい》など100人単位《にんたんい》、大《おお》きな藩《はん》になれば1000〜4000人《にん》もの人《ひと》が**「大名行列《だいみょうぎょうれつ》」**として旅《たび》しましたから、とてつもないお金《かね》がかかります。

お金《かね》がなくなった大名《だいみょう》は、武器《ぶき》や兵隊《へいたい》をあつめにくくなります。そうやって、大名《だいみょう》たちが徳川《とくがわ》をたおすことができないようにしたのです。

敵《てき》をそだてないのが、江戸時代《えどじだい》が長続《ながつづ》きしたひけつだったんだ

幕《ばく》藩《はん》体《たい》制《せい》

一《いっ》国《こく》一《いち》城《じょう》令《れい》

◆大名《だいみょう》がもてるお城《しろ》はひとつ

武《ぶ》家《け》諸《しょ》法《はっ》度《と》

鎖《さ》国《こく》

1612

キリスト教《きょう》禁《きん》止《し》

◆スペイン船《せん》やポルトガル船《せん》の来《らい》航《こう》を禁《きん》止《し》

◆オランダと中《ちゅう》国《ごく》だけ長《なが》崎《さき》港《こう》に入《はい》れた

身《み》分《ぶん》制《せい》度《ど》

士《し》農《のう》工《こう》商《しょう》

◆〝きまり〟を守《まも》れ

◆かってに戦《たたか》うな

◆かってに結婚《けっこん》するな

参勤交代《さんきんこうたい》

◆大名《だいみょう》は江戸《えど》と領地《りょうち》を1年《ねん》ごとに往復《おうふく》（妻《つま》と子《こ》は江戸《えど》に住《す》んだ）

松前《まつまえ》→えぞ（アイヌ）
薩摩《さつま》→琉球《りゅうきゅう》（沖縄《おきなわ》）
対馬《つしま》→朝鮮《ちょうせん》
長崎《ながさき》（出島《でじま》）→オランダ、中国《ちゅうごく》

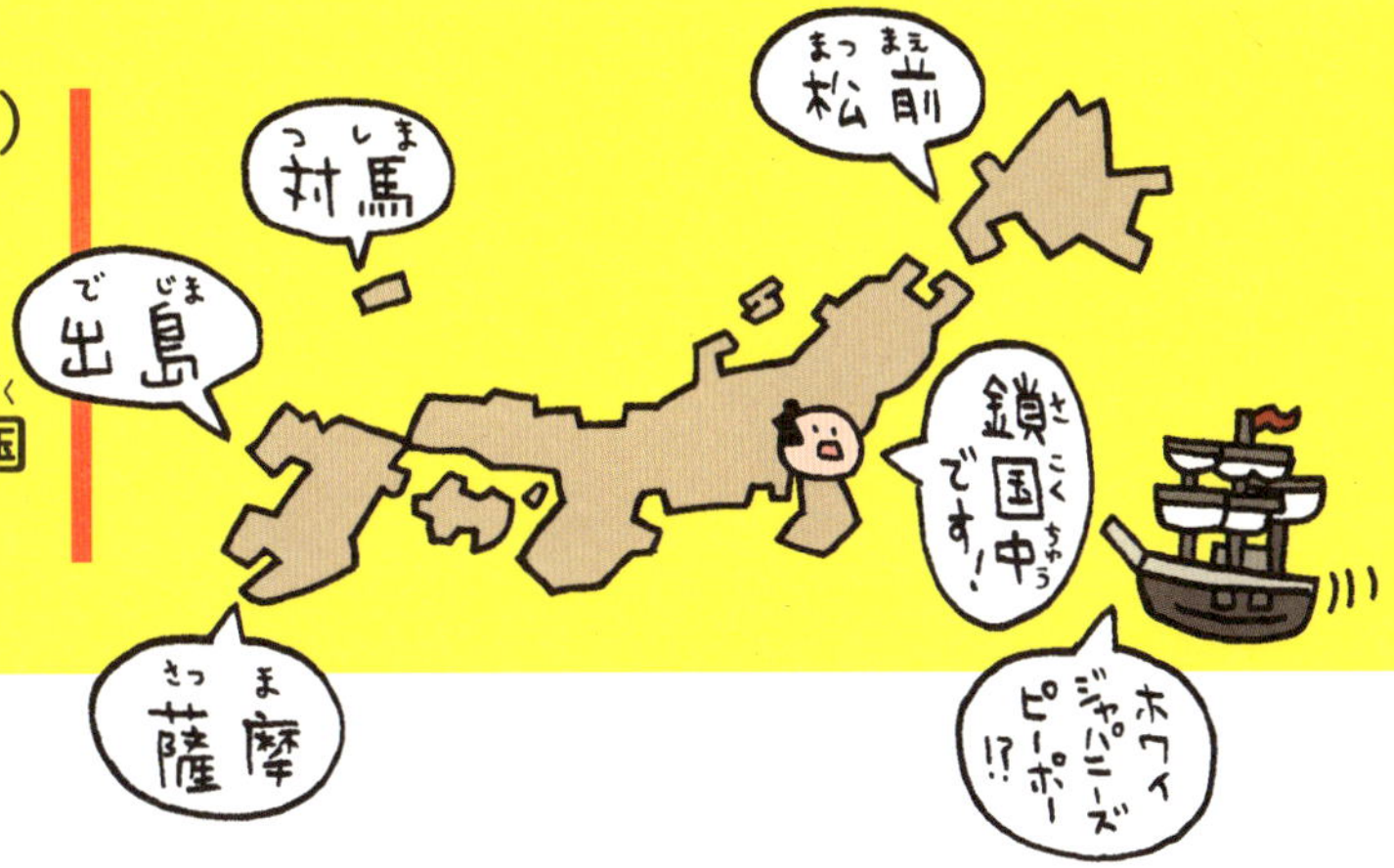

松前《まつまえ》
対馬《つしま》
出島《でじま》
鎖国中《さこくちゅう》です!
薩摩《さつま》
ホワイジャパニーズピーポー!?

生《う》まれた家《いえ》で身分《みぶん》がきまっていたんだね

士《し》→武士《ぶし》　名字《みょうじ》や刀《かたな》をもてた
農《のう》→農民《のうみん》　年貢《ねんぐ》をおさめる農民《のうみん》
工《こう》→職人《しょくにん》　大工《だいく》や木綿《もめん》・和紙職人《わししょくにん》
商《しょう》→商人《しょうにん》　身分《みぶん》は下《した》だがお金《かね》もちもいた

武士《ぶし》はえらくてもお金《かね》がない？

こうした江戸《えど》の世《よ》のなかをささえたのが、**身分制度《みぶんせいど》**でした。

江戸時代《えどじだい》のひとびとは**「士農工商《しのうこうしょう》」**といって、武士《ぶし》、農民《のうみん》、職人《しょくにん》（手工業《しゅこうぎょう》）、商人《しょうにん》といった身分《みぶん》にわかれていました。

いま、みなさんはお父《とう》さんやお母《かあ》さんがどんな仕事《しごと》をしていても、将来《しょうらい》好《す》きな仕事《しごと》につくことができます。けれども江戸時代《えどじだい》は、生《う》まれた家《いえ》の職業《しょくぎょう》をつぐのがふつうで、職業《しょくぎょう》をかえにくい世《よ》のなかでした。

武士《ぶし》は、もちろんいざというとき戦《たたか》う人《ひと》たちですが、ふだんは現代《げんだい》でいう国《くに》や都道府県《とどうふけん》の役所《やくしょ》ではたらく公務員《こうむいん》のような仕事《しごと》をしていました。かれらは、**禄《ろく》**とよばれるお給料《きゅうりょう》をもらってくらしていました。

いっぽう、農民《のうみん》は決《き》められた量《りょう》の**年貢《ねんぐ》（税《ぜい》）**をお米《こめ》などではらわないといけませんでした。

おもしろいのは、武士《ぶし》がえらいからといってかならずしもお金持《かねも》ちだったわけではないことです。下《した》っぱの武士《ぶし》の生活《せいかつ》はなかなかきびしかったようで、商売《しょうばい》に成功《せいこう》した商人《しょうにん》に借金《しゃっきん》することもあったようです。こうなるとどちらが上《うえ》だかわかりません。

もうひとつ、江戸時代《えどじだい》がつづいた大《おお》きな理由《りゆう》が**「鎖国《さこく》」**です。1章《しょう》でも説明《せつめい》しましたが、幕府《ばくふ》はキリスト教布教《きょうふきょう》と貿易《ぼうえき》のためにきていたスペインやポルトガルの船《ふね》を出入《でい》り禁止《きんし》にしました。中国《ちゅうごく》やオランダのみ**長崎《ながさき》**にかぎって入港《にゅうこう》を許可《きょか》しました。

その理由《りゆう》はふたつあります。

ひとつは、キリスト教《きょう》の布教《ふきょう》をふせぐため。もうひとつは、**貿易《ぼうえき》**の利《り》益《えき》を幕府《ばくふ》がひとりじめするためです。オランダがゆるされたのは、「布教《ふきょう》よりも貿易《ぼうえき》」ということを約束《やくそく》したからでした。

これは結果的《けっかてき》に、江戸時代《えどじだい》が長《なが》くつづくことにつながったといえるでしょう。宣教師個人《せんきょうしこじん》はそんなつもりはなくても、世界《せかい》の歴史《れきし》をみると、キリスト教《きょう》の布教《ふきょう》が結果的《けっかてき》に植民地化《しょくみんちか》につながっていることが多《おお》いからです。

3 日本《にっぽん》らしさは、だいたい江戸《えど》時代《じだい》？

おそばもてんぷらも江戸《えど》時代《じだい》にできた

鎖《さ》国《こく》をしてから幕末《ばくまつ》にペリーがやってくるまでの200年《ねん》にわたって、日本《にっぽん》と外国《がいこく》とのやりとりはかぎられたものになりました。

日本《にっぽん》の中《なか》だけで、大《おお》きな社会《しゃかい》の変化《へんか》もなく平和《へいわ》にやっていられたので、**いろいろなところで「日本《にっぽん》らしさ」が生《う》まれた時代《じだい》**でもありました。

みなさんは**「和食《わしょく》」**といってなにを思《おも》い浮《う》かべるでしょう？　ふだんよく食《た》べる和食《わしょく》といえば、**てんぷらやそば、すし**などではないでしょうか。

これらはみんな江戸時代《えどじだい》からあるものです。「てんぷら」という名前《なまえ》がポルトガル語《ご》からきたものだという説《せつ》もあります。江戸《えど》のまちでは屋台《やたい》などもでて、さながら現代《げんだい》のファストフードのようですね。

また、各地《かくち》で名物《めいぶつ》ができたのもこの時代《じだい》です。江戸時代《えどじだい》には伊勢神宮《いせじんぐう》（三重県《みえけん》）へはるばるおまいりに行《い》く**「お伊勢《いせ》まいり」**がはやりました。すると街道《かいどう》の宿場町《しゅくばまち》ではその土地《とち》のおいしいものが食《た》べられます。

たとえば、ぼくの地元《じもと》の静岡《しずおか》では東海道《とうかいどう》の鞠子《まりこ》（丸子《まりこ》）という宿場《しゅくば》があって、その名物《めいぶつ》は「とろろ汁《じる》」です。俳句《はいく》を日本《にっぽん》じゅうに広《ひろ》めた**松尾芭蕉《まつおばしょう》**は、これを「梅若菜鞠子《うめわかなまりこ》の宿《しゅく》のとろろ汁《じる》」と俳句《はいく》にしています。

これがコマーシャル（宣伝《せんでん》）みたいになって、みんな「あそこであれを食《た》べたい」というようになるのです。

あるいは、**歌舞伎《かぶき》**や**浮世絵《うきよえ》**が流行《りゅうこう》したのもこの時代《じだい》でした。いま、銀座《ぎんざ》の歌舞伎座《かぶきざ》にいく外国人《がいこくじん》のお客《きゃく》さんがたくさんいます。

とじていたから、
個性的《こせいてき》な
文化《ぶんか》が
そだったんだ

また、浮世絵《うきよえ》などはオランダの画《が》家《か》**ゴッホ**があこがれて自分《じぶん》の絵《え》にとりいれるなど、日本《にっぽん》ですたれたあとに外国人《がいこくじん》に人気《にんき》がでました。

そう考《かんが》えると、いま外国人《がいこくじん》がみて「日本《にっぽん》」というものの多《おお》くが江戸時代《えどじだい》に生《う》まれたものだと思《おも》えてきます。

たべもの・ファッション

江戸《えど》の三大食《さんだいしょく》

◆そば
◆てんぷら
◆すし

芸術《げいじゅつ》・美術《びじゅつ》

浮世絵《うきよえ》

◆葛飾北斎《かつしかほくさい》の浮世絵《うきよえ》は世界《せかい》にえいきょうをあたえた

教育《きょういく》・学問《がくもん》

儒教《じゅきょう》

◆古代中国《こだいちゅうごく》の孔子《こうし》という先生《せんせい》のおしえをまとめた『論語《ろんご》』が教科書《きょうかしょ》だった

江戸《えど》のファッション

◆歌舞伎役者《かぶきやくしゃ》が「いき」といわれた

いまぼくたちが「和食《わしょく》」といっているものが、この時代《じだい》にできたんだ

俳句《はいく》

古池《ふるいけ》や
蛙《かわず》飛《と》び込《こ》む
水《みず》の音《おと》

◆五《ご》・七《しち》・五《ご》の音《おん》でできている詩《し》

武士道《ぶしどう》

◆武士《ぶし》は戦《たたか》うための技術《ぎじゅつ》だけでなく、精神《せいしん》もきたえていた

メーン!!

江《え》戸《ど》時《じ》代《だい》の「学《がっ》校《こう》」はどんなだった？

ここでは、江《え》戸《ど》時《じ》代《だい》の人《ひと》がどんなことを学《まな》んでいたかをみていきましょう。

江《え》戸《ど》時《じ》代《だい》の子《こ》どもたちは、**寺子屋**《てらこや》や**藩校**《はんこう》で勉強《べんきょう》していました。寺《てら》子《こ》屋《や》は、いまの学校《がっこう》のようにみんなが通《かよ》うものではなく、町人《ちょうにん》の子《こ》どものための塾《じゅく》のようなものです。藩校《はんこう》は、武士《ぶし》が自分《じぶん》の子《こ》どもを通《かよ》わせるためにつくられた学校《がっこう》です。

勉強《べんきょう》の中心《ちゅうしん》は、中国《ちゅうごく》の**孔子**《こうし》という人《ひと》の**『論語』**《ろんご》という本《ほん》でした。これは道徳《どうとく》や心《こころ》がまえなどについて書《か》かれたもので、当時《とうじ》はみんな漢文《かんぶん》（中《ちゅう》国語《ごくご》を日本語《にほんご》読《よ》みしたもの）を声《こえ》に出《だ》して読《よ》みました（素読《そどく》）。

たとえば、「己《おのれ》の欲《ほっ》せざるところ人《ひと》に施《ほどこ》すことなかれ」とか、「吾十有五《われじゅうゆうご》にして学《がく》に志《こころざ》す」という言葉《ことば》です。

江《え》戸《ど》時《じ》代《だい》はこの孔子《こうし》の教《おし》え（**儒教**《じゅきょう》といいます）が基本《きほん》でした。

武士《ぶし》の心《こころ》がまえをといた**武士道**《ぶしどう》も、江《え》戸《ど》時《じ》代《だい》に完成《かんせい》しました。『葉《は》隠《がくれ》』という本《ほん》の「武士道《ぶしどう》というは死《し》ぬこととみつけたり」という言葉《ことば》がよく知《し》られています。じつは、戦《たたか》いのおきない江戸時代《えどじだい》では武士《ぶし》が本当《ほんとう》に戦《たたか》うことはあまりなかったので、こうした精神的《せいしんてき》な面《めん》が発達《はったつ》したのです。

明治時代《めいじじだい》になり、新渡戸稲造《にとべいなぞう》が英語《えいご》で『武士道《ぶしどう》』という本《ほん》を書《か》いて、世界《せかい》に武士道《ぶしどう》という日本《にっぽん》の精神文化《せいしんぶんか》が知《し》られるようになりました。

また、古代《こだい》の日本《にっぽん》についての学問《がくもん》が発達《はったつ》したのもこの時代《じだい》でした。日本《にっぽん》の歴史《れきし》を、神話《しんわ》もふくめてまとめた**『古事記《こじき》』**という本《ほん》は、当時《とうじ》すでに読《よ》める人《ひと》がいませんでした。それを読《よ》めるようにしたのが**本居宣長《もとおりのりなが》**です。彼《かれ》はそうした日本《にっぽん》についての学問《がくもん》（**国学《こくがく》**）をつくりました。

本居宣長《もとおりのりなが》の先生《せんせい》である**賀茂真淵《かものまぶち》**という人《ひと》は、**『万葉集《まんようしゅう》』**という本《ほん》を読《よ》めるようにしました。『万葉集《まんようしゅう》』は、まだひらがなやカタカナがなかった奈良時代《ならじだい》までの和歌《わか》をあつめた本《ほん》で、日本語《にほんご》の音《おん》をすべて漢字《かんじ》をあてて書《か》いてあるので、やはりだれも読《よ》めなくなっていたのです。

江戸時代《えどじだい》は、学問《がくもん》でも日本的《にほんてき》なものがうまれた時代《じだい》だったのです。

3章《しょう》

武《ぶ》士《し》の世《よ》のはじまり

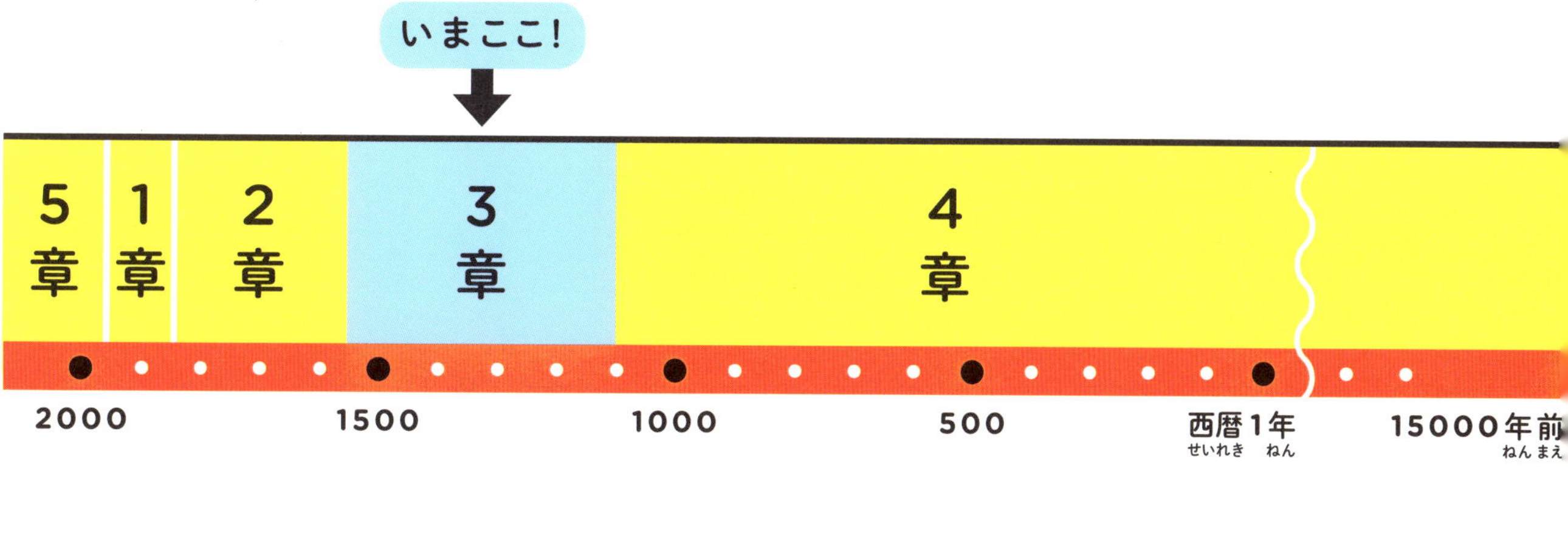

1 武士《ぶし》の時代《じだい》

これまでみてきたように、明治《めいじ》より前の時代《じだい》は武士《ぶし》がいちばん力《ちから》をもっていた世《よ》のなかでした。

では、いつから武士《ぶし》がえらくなったのでしょうか？

武士《ぶし》はいつから「えらく」なった？

日本《にっぽん》の歴史《れきし》をおおざっぱにみると、まずは**天皇《てんのう》**を中心《ちゅうしん》に国《くに》がまとまりました。天皇《てんのう》が政治《せいじ》をおこなう場所《ばしょ》を**朝廷《ちょうてい》**といいます。

平安時代《へいあんじだい》になると、朝廷《ちょうてい》で働《はたら》くえらい身分《みぶん》の**貴族《きぞく》**とよばれる人《ひと》たちが力《ちから》をもちます。なかでも**藤原氏《ふじわらし》**という一族《いちぞく》は、天皇家《てんのうけ》と同《おな》じくらい力《ちから》をもちました。

地方《ちほう》には、自分《じぶん》たちで切《き》り開《ひら》いた農地《のうち》を領地《りょうち》とする**豪族《ごうぞく》**とよばれる人《ひと》がいましたが、平安時代《へいあんじだい》の終《お》わりになると、かれらはその領地《りょうち》を守《まも》るために武装《ぶそう》しました。これが**武士《ぶし》**のはじまりです。

平氏《へいし》はつよかったけど、調子《ちょうし》にのったら滅《ほろ》びてしまったんだ

そうして生《う》まれた武士《ぶし》はしだいに大《おお》きな組織《そしき》となります。なかでもとくに力《ちから》をもったのが**平氏《へいし》**と**源氏《げんじ》**で、**棟梁《とうりょう》**として多《おお》くの武士団《ぶしだん》をしたがえました。

当時《とうじ》の天皇《てんのう》や貴族《きぞく》たちは、政治《せいじ》の世界《せかい》に生《い》きる人《ひと》で、宮中行事《きゅうちゅうぎょうじ》をしたり和歌《わか》をよんだりという生活《せいかつ》をしていました。

戦《たたか》う能力《のうりょく》はあまりありませんから、天皇家《てんのうけ》や藤原氏《ふじわらし》のなかであととりあらそいになると、それぞれが武士《ぶし》をやとって戦《たたか》わせるわけです。

こうなると、平氏《へいし》や源氏《げんじ》といった武家《ぶけ》の棟梁《とうりょう》たちの力《ちから》が強《つよ》まります。いってみれば、「おれたちは貴族《きぞく》にも力《ちから》で勝《か》てるんじゃないの？」ということに気《き》づいたのです。

そのなかから**平清盛《たいらのきよもり》**があらわれます。源氏《げんじ》に勝《か》って、みずから**太政大臣《だいじょうだいじん》**というトップの役職《やくしょく》につき、国《くに》の権力《けんりょく》をにぎりました。

そして、平氏一族《へいしいちぞく》をつぎつぎと高《たか》い地位《ちい》につけ、さらに娘《むすめ》を天皇《てんのう》と結婚《けっこん》させるなどして、平氏《へいし》による支配《しはい》を強《つよ》めていったのです。

平《へい》氏《し》の時《じ》代《だい》

平清盛《たいらのきよもり》

1118 平《たいらの》清《きよ》盛《もり》生《う》まれる

1147 源《みなもとの》頼《より》朝《とも》生《う》まれる

1159 源《みなもとの》義《よし》経《つね》生《う》まれる

1159 清《きよ》盛《もり》、源《みなもとの》義《よし》朝《とも》（頼《より》朝《とも》の父《ちち》）をやぶる

■→平《へい》氏《し》のできごと

□→源《げん》氏《じ》のできごと

源氏《げんじ》の時代《じだい》

1167

清盛《きよもり》、太政大臣《だいじょうだいじん》となる
（武士《ぶし》でありながら
貴族《きぞく》のいちばん
えらい役職《やくしょく》についた）

1185

義経《よしつね》、平氏《へいし》を滅《ほろ》ぼす
頼朝《よりとも》、
鎌倉幕府《かまくらばくふ》をひらく

1192

頼朝《よりとも》、
征夷大将軍《せいいたいしょうぐん》となる

平《へい》氏《し》から源《げん》氏《じ》へ

「祇園精舎《ぎおんしょうじゃ》の鐘《かね》の声《こえ》、諸行無常《しょぎょうむじょう》の響《ひび》きあり。沙羅双樹《さらそうじゅ》の花《はな》の色《いろ》、盛者《じょうしゃ》必衰《ひっすい》の理《ことわり》をあらわす。おごれる人《ひと》も久《ひさ》しからず、ただ春《はる》の夜《よ》の夢《ゆめ》のごとし」

これは『平家物語《へいけものがたり》』の最初《さいしょ》のところです。むかしの言葉《ことば》なのですこしむずかしいですが、リズムがよいので覚《おぼ》えやすくて有名《ゆうめい》です。

諸行無常《しょぎょうむじょう》とは、なにごともいつまでもつづくことはないということ。盛《じょう》者必衰《しゃひっすい》とは、力《ちから》をもっていた人《ひと》も必《かなら》ずおとろえるということですね。権力《けんりょく》をふりかざし、おごっていた平氏《へいし》も長《なが》くはつづかなかったということを、とてもよくあらわした名文《めいぶん》です。

では、だれが平氏《へいし》に勝《か》ったのかというと、源氏《げんじ》の源頼朝《みなもとのよりとも》でした。頼朝《よりとも》のお父《とう》さんである源義朝《みなもとのよしとも》は平清盛《たいらのきよもり》との戦《たたか》いに負《ま》け、頼朝《よりとも》も伊《い》豆《ず》へおいやられていました。

しかし、平氏《へいし》があまりにも自分《じぶん》たちだけで権力《けんりょく》をにぎりすぎたために、ほかの武士《ぶし》たちや貴族《きぞく》たちの不満《ふまん》が高《たか》まっていました。彼《かれ》らは協力《きょうりょく》して平《へい》氏《し》をたおそうと兵《へい》をあげ、頼朝《よりとも》はそれに加《くわ》わります。

タイミングの悪《わる》いことに、そのころ清盛《きよもり》が病気《びょうき》で死《し》んでしまいます。頼朝《よりとも》は、弟《おとうと》の**源義経《みなもとのよしつね》**らに命《めい》じて、平氏《へいし》を追《お》いつめます。そして、**壇ノ浦《だんのうら》の戦《たたか》い**（いまの山口県《やまぐちけん》）でついに平氏《へいし》を滅亡《めつぼう》させるのです。

ちなみに、平氏《へいし》を滅《ほろ》ぼしたあと、頼朝《よりとも》と義経《よしつね》の兄弟《きょうだい》は仲《なか》たがいしてしまい、けっきょく義経《よしつね》はたおされてしまいます。

このことはのちに歌舞伎《かぶき》などの題材《だいざい》として人気《にんき》となりました。義経《よしつね》のおさないときの名前《なまえ》は**牛若丸《うしわかまる》**といい、家来《けらい》の**武蔵坊弁慶《むさしぼうべんけい》**とのやりとりや東北《とうほく》へにげていったようすが語《かた》り継《つ》がれています。

さて、平氏《へいし》を滅《ほろ》ぼした頼朝《よりとも》は、**鎌倉《かまくら》**（神奈川県《かながわけん》）を中心地《ちゅうしんち》として、強《きょう》大《だい》な武家政権《ぶけせいけん》をつくりあげました。天皇家《てんのうけ》はそれに反発《はんぱつ》しますが、頼朝《よりとも》は力《ちから》でみとめさせてしまいます。

2 鎌《かま》倉《くら》幕《ばく》府《ふ》のしくみ

将軍《しょうぐん》と家来《けらい》の関係《かんけい》は？

源《みなもとの》頼朝《よりとも》がつくった**武家政権《ぶけせいけん》**のことを**鎌倉幕府《かまくらばくふ》**とよび、この時代《じだい》を**鎌倉時代《かまくらじだい》**とよびます。「幕府《ばくふ》」というのは、もともと将軍《しょうぐん》が戦地《せんち》で幕《まく》をはってつくった陣《じん》をさす言葉《ことば》でしたが、しだいに武家政権《ぶけせいけん》を意味《いみ》するようになりました。

頼朝《よりとも》は、朝廷《ちょうてい》から征夷大将軍《せいいたいしょうぐん》という役職《やくしょく》に任命《にんめい》され、武士《ぶし》たちを支配《しはい》するしくみをつくりました。そのしくみとはどのようなものでしょうか？

将軍《しょうぐん》につかえる武士《ぶし》たちのことを**「御家人《ごけにん》」**とよびます。将軍《しょうぐん》は御家人《ごけにん》にたいして、領地《りょうち》を与《あた》えたり、保障《ほしょう》（御家人《ごけにん》の支配《しはい》をみとめること）したりします（これを**「御恩《ごおん》」**といいます）。

また、御家人《ごけにん》のほうは京都《きょうと》や鎌倉《かまくら》をまもる仕事《しごと》や、戦《たたか》いがおこったときの兵役《へいえき》の命《めい》令《れい》にしたがいました（これを「奉公《ほうこう》」といいます）。

この「御恩《ごおん》と奉公《ほうこう》」が、鎌倉幕府《かまくらばくふ》の支配《しはい》のしくみです。

御家人《ごけにん》は自分《じぶん》の土地《とち》（一所《いっしょ》）を命《いのち》を懸《か》けて守《まも》るので「一所懸命《いっしょけんめい》」（いまは一生懸命《いっしょうけんめい》といいます）、将軍《しょうぐん》の命令《めいれい》があればかけつけるので「いざ鎌倉《かまくら》」といわれました。

さて、頼朝《よりとも》が確立《かくりつ》した鎌倉幕府《かまくらばくふ》ですが、源氏《げんじ》じたいは長《なが》くはつづかず3代《だい》でとだえてしまいます。

かわりに力《ちから》をもったのが、頼朝《よりとも》の奥《おく》さんである「北条政子《ほうじょうまさこ》」の家系《かけい》でした。北条《ほうじょう》政子《まさこ》は自分《じぶん》の息子《むすこ》である源《みなもと》 頼家《よりいえ》を将軍《しょうぐん》から追放《ついほう》してしまうのです。

その後《ご》、北条政子《ほうじょうまさこ》の父《ちち》である「北条時政《ほうじょうときまさ》」は将軍《しょうぐん》の仕事《しごと》を助《たす》ける「執権《しっけん》」という地位《ちい》について、実質的《じっしつてき》な幕府《ばくふ》の権《けん》力《りょく》をにぎります。

このようにして、北条氏《ほうじょうし》は鎌倉幕《かまくらばく》府《ふ》の政治《せいじ》をひきつぎつつ、あらたに「御成敗式目《ごせいばいしきもく》」という武家《ぶけ》の法律《ほうりつ》をつくるなどして、支配《しはい》をたしかなものにしていったのです。

「守《まも》ってあげるから、いざというときはよろしく」という関係《かんけい》だね

鎌《かま》倉《くら》幕《ばく》府《ふ》
＝
源《げん》氏《じ》→北《ほう》条《じょう》氏《し》

1199

源《みなもとの》頼《より》朝《とも》がなくなる

1203

北《ほう》条《じょう》時《とき》政《まさ》（頼《より》朝《とも》の妻《つま》、北《ほう》条《じょう》政《まさ》子《こ》の父《ちち》）が執《しっ》権《けん》となる

源氏《げんじ》は、頼朝《よりとも》の妻《つま》の家《いえ》である北条氏《ほうじょうし》に滅《ほろ》ぼされたんだ

幕《ばく》府《ふ》対《たい》朝《ちょう》廷《てい》のあらそい

1221

承《じょう》久《きゅう》の乱《らん》

元《げん》寇《こう》

1274
1281

元《げん》が日本《にっぽん》にせめてくる

北条政子《ほうじょうまさこ》の演説《えんぜつ》で
武士《ぶし》たちは団結《だんけつ》して
朝廷《ちょうてい》をたおしたんだ

日本《にっぽん》が海外《かいがい》から せめられる

鎌《かま》倉《くら》時代《じだい》におきたできごとのなかから、大《おお》きなものをふたつあげておきましょう。ひとつめは、**日本《にっぽん》が海外《かいがい》からせめられた**ことです。

その相手《あいて》とは、**元《げん》**です。モンゴル出身《しゅっしん》の**チンギス＝ハン**は、中央《ちゅうおう》アジアから南《みなみ》ロシアまで支配《しはい》をひろげ、その孫《まご》**フビライ＝ハン**は中国《ちゅうごく》も支配《しはい》して元《げん》という大帝国《だいていこく》をうちたてました。

元《げん》は日本《にっぽん》に対《たい》してもしたがうようにいってきましたが、執権《しっけん》だった**北条時宗《ほうじょうときむね》**はこれを拒否《きょひ》します。

すると元《げん》は、3万《まん》の兵《へい》でもって対馬《つしま》や博多《はかた》にせめてきました。なんとかそれをしりぞけますが、元《げん》はふたたび14万《まん》もの大軍《たいぐん》を日本《にっぽん》におくります。しかし、運良《うんよ》く暴風雨《ぼうふうう》がおこり、日本《にっぽん》は元《げん》の上陸《じょうりく》をふせぐことができました。

これを**蒙古襲来《もうこしゅうらい》**（**元寇《げんこう》**とも。蒙古《もうこ》とはモンゴルの漢字表記《かんじひょうき》です）といい、このときの暴風雨《ぼうふうう》はのちに**「神風《かみかぜ》」**とよばれるようになります。

もうひとつは、**新《あたら》しい仏教《ぶっきょう》がいくつもうまれた**ことです。

そもそも、日本《にっぽん》に仏教《ぶっきょう》が伝《つた》わったのは6世紀《せいき》なかばです。その後《ご》、**聖徳太子**《しょうとくたいし》が仏教《ぶっきょう》をさかんにしました。当初《とうしょ》の日本《にっぽん》の仏教《ぶっきょう》は、国《くに》を守《まも》るためのものであったり、学問《がくもん》が中心《ちゅうしん》であったりしたため、おもに貴族階級《きぞくかいきゅう》にうけいれられました。

一方《いっぽう》、鎌倉時代《かまくらじだい》に入《はい》ると、庶民《しょみん》（武士《ぶし》や農民《のうみん》などふつうのひとたち）にもわかりやすい、新《あたら》しい仏教《ぶっきょう》がつぎつぎとできます。**「南無阿弥陀仏《なむあみだぶつ》」**という念仏《ねんぶつ》をとなえれば救《すく》われるとする**浄土宗**《じょうどしゅう》（開祖《かいそ》：**法然**《ほうねん》）、悪人《あくにん》こそが救《すく》われるとした**浄土真宗**《じょうどしんしゅう》（開祖《かいそ》：法然《ほうねん》の弟子《でし》の**親鸞**《しんらん》）、**「南無妙法蓮華経《なむみょうほうれんげきょう》」**と題目《だいもく》をとなえればよいとする**日蓮宗**《にちれんしゅう》（開祖《かいそ》：**日蓮**《にちれん》）などです。

また、さいきん海外《かいがい》では「ZEN《ゼン》（禅《ぜん》）」がブームですが、坐禅《ざぜん》などを修行《しゅぎょう》の中心《ちゅうしん》とする禅宗《ぜんしゅう》が日本《にっぽん》に伝《つた》わったのもこの時期《じき》です。**栄西**《えいさい》が**臨済宗**《りんざいしゅう》、**道元**《どうげん》が**曹洞宗**《そうとうしゅう》をひろめていきました。

いまも主流《しゅりゅう》の仏教流派《ぶっきょうりゅうは》の多《おお》くは、この時代《じだい》にうまれたのです。

3 バラバラになった室町《むろまち》時代《じだい》

強《つよ》いものが勝《か》つ社会《しゃかい》になったのはなぜ？

武《ぶ》士《し》の時代《じだい》は、**「鎌倉時代《かまくらじだい》→室町時代《むろまちじだい》→戦国時代《せんごくじだい》」**の順番《じゅんばん》でつづきます。戦国時代《せんごくじだい》は、幕府《ばくふ》が支《し》配《はい》をできなくなって日本《にっぽん》がバラバラになり、それぞれの武将《ぶしょう》が戦《たたか》いをしていた時代《じだい》です。

元《げん》の攻撃《こうげき》をふせいだものの、鎌倉幕府《かまくらばくふ》は御家人《ごけにん》たちにあたえる給料《きゅうりょう》にも困《こま》るようになり、しだいにその支配《しはい》が弱《よわ》まります。

すると、**後醍醐天皇《ごだいごてんのう》**は幕府《ばくふ》に戦《たたか》いをいどみ、御家人《ごけにん》だった**足利尊氏《あしかがたかうじ》**を味方《みかた》にして鎌倉幕府《かまくらばくふ》を滅《ほろ》ぼします。しかし尊氏《たかうじ》は、後醍醐天皇《ごだいごてんのう》をうらぎって別《べつ》の天皇《てんのう》をたてて、自分《じぶん》は征夷大将軍《せいいたいしょうぐん》として政権《せいけん》をつくってしまいます。

これが**室町幕府《むろまちばくふ》**です。尊氏《たかうじ》の孫《まご》の3代将軍《だいしょうぐん》**足利義満《あしかがよしみつ》**が京都《きょうと》の室町《むろまち》に「花《はな》の御所《ごしょ》」とよばれる大《おお》きな屋敷《やしき》をたてたことからそうよばれました。

さて、この本《ほん》の2章《しょう》で、江戸時代《えどじだい》には大名《だいみょう》が〝お殿《との》さま〟としてそれぞれの地域《ちいき》を支配《しはい》していたとお話《はな》ししました。

その大名《だいみょう》がうまれたのがこのころです。もともと幕府《ばくふ》は地方《ちほう》の武士《ぶし》たちを指揮《しき》する**「守護《しゅご》」**という役職《やくしょく》を任命《にんめい》していました。戦乱《せんらん》がつづくなかでこの守護《しゅご》たちの力《ちから》が強《つよ》まり、**「（守護《しゅご》）大名《だいみょう》」**となっていったのです。

こうして、しだいに幕府《ばくふ》の力《ちから》は弱《よわ》まっていき、8代将軍《だいしょうぐん》**足利義政《あしかがよしまさ》**のころには足利氏内部《あしかがしないぶ》であととりあらそいがおきます。

ここに守護大名《しゅごだいみょう》どうしの権力《けんりょく》あらそいがくわわり、東軍《とうぐん》と西軍《せいぐん》にわかれて1467年《ねん》から10年《ねん》にわたってつづく**「応仁《おうにん》の乱《らん》」**がおこります。

戦場《せんじょう》となった京都《きょうと》のまちは焼《や》け野原《のはら》となりました。武士《ぶし》であれ農民《のうみん》であれ、力《ちから》のあるものが上《うえ》に立《た》つ**「下剋上《げこくじょう》」**の世《よ》のなかになっていきます。

こうして信長《のぶなが》たちが活躍《かつやく》した戦国時代《せんごくじだい》へと入《はい》っていくのです。

実力《じつりょく》だけがものをいう社会《しゃかい》は、けっこう大変《たいへん》だね

鎌倉幕府《かまくらばくふ》の終《お》わり

1333

後醍醐天皇《ごだいごてんのう》が鎌倉幕府《かまくらばくふ》を滅《ほろ》ぼす

室町幕府《むろまちばくふ》のはじまり

1338

足利尊氏《あしかがたかうじ》が室町幕府《むろまちばくふ》をひらく

1397

足利義満《あしかがよしみつ》が金閣寺《きんかくじ》をたてる

尊氏《たかうじ》はさいしょは後醍醐天皇《ごだいごてんのう》のみかただったけど、あとで対立《たいりつ》して自分《じぶん》の政権《せいけん》をつくったんだ

戦《せん》乱《らん》の時《じ》代《だい》のはじまり

戦《たたか》いが10年《ねん》もつづいたため、京都《きょうと》のまちは焼《や》け野原《のはら》になってしまったんだ

1　4《よ》67
ひとの世むなしい
応仁《おうにん》の乱《らん》

1467
|
1477

応《おう》仁《にん》の乱《らん》がおこる

1489

足《あし》利《かが》義《よし》政《まさ》が銀《ぎん》閣《かく》寺《じ》をたてる

日本《にっぽん》の文化《ぶんか》が花《はな》ひらいた室町時代《むろまちじだい》

いま京都《きょうと》は世界的《せかいてき》にみてもトップクラスの観光地《かんこうち》です。みなさんも行《い》ったことがあるかもしれませんが、外国人《がいこくじん》のお客《きゃく》さんがとても多《おお》いです。もちろん日本人観光客《にほんじんかんこうきゃく》もたくさんいます。

東京《とうきょう》は戦争《せんそう》で焼《や》け野原《のはら》になったあと近代化《きんだいか》してしまいましたから、日本《にっぽん》らしい風景《ふうけい》をみんな京都《きょうと》に求《もと》めているのだと思《おも》います。

じつは、この日本《にっぽん》らしい風景《ふうけい》の多《おお》くは室町時代《むろまちじだい》にできたものなのです。

たとえば有名《ゆうめい》な**金閣寺《きんかくじ》**と**銀閣寺《ぎんかくじ》**。

一面《いちめん》に金箔《きんぱく》のはられた金閣寺《きんかくじ》は正式《せいしき》には鹿苑寺《ろくおんじ》という名前《なまえ》で、3代将軍《だいしょうぐん》**足利義満《あしかがよしみつ》**がたてたものです。一方《いっぽう》の銀閣寺《ぎんかくじ》は慈照寺《じしょうじ》といって8代将軍《だいしょうぐん》**義政《よしまさ》**がたてました。

義満《よしみつ》の時代《じだい》は、中国《ちゅうごく》（当時《とうじ》は明《みん》といいました）との貿易《ぼうえき》で、たてもの全体《ぜんたい》に金箔《きんぱく》をはることができるくらいもうかっていたことがわかります。

義政《よしまさ》の時代《じだい》には幕府《ばくふ》のお金事情《かねじじょう》はきびしくなっていたようで、それが理由《りゆう》かはわかりませんが、銀閣《ぎんかく》は質素《しっそ》なつくりです。ただ、この銀閣《ぎんかく》のつくりは、現在《げんざい》、和室《わしつ》とよばれる部屋《へや》のつくりの基本《きほん》になっています。

また、京都《きょうと》のお寺《てら》といえば庭園《ていえん》でも有名《ゆうめい》です。なかでも龍安寺《りょうあんじ》に代表《だいひょう》されるような、砂利《じゃり》と石《いし》をくみあわせて自然《しぜん》の風景《ふうけい》を表現《ひょうげん》した庭《にわ》は**「枯山《かれさん》水《すい》」**とよばれます。

文化的《ぶんかてき》に見《み》ても室町時代《むろまちじだい》は豊《ゆた》かでした。

お茶《ちゃ》を飲《の》む風習《ふうしゅう》や芸道《げいどう》としての**茶《ちゃ》の湯《ゆ》**、**生《い》け花《ばな》**がひろまったのはこの時代《じだい》でした。**能《のう》**や**狂言《きょうげん》**といった舞台芸術《ぶたいげいじゅつ》がうまれたのもこのころです。

「一寸法師《いっすんぼうし》」や「桃太郎《ももたろう》」といったおとぎ話《ばなし》を小《ちい》さいころ親《おや》に読《よ》んでもらった人《ひと》も多《おお》いのではないでしょうか。こうした**「御伽草子《おとぎぞうし》」**とよばれる物語《ものがたり》がつくられたのも室町時代《むろまちじだい》のことでした。

あるいは、うどんやとうふといった、わたしたちもよく食《た》べる食材《しょくざい》や盆《ぼん》踊《おど》りの風習《ふうしゅう》がひろまったのもこの時代《じだい》といわれています。

このように、文化的《ぶんかてき》にみると室町時代《むろまちじだい》はとても身近《みぢか》に感《かん》じられますね。

4 章《しょう》

「日《にっ》本《ぽん》」のはじまり

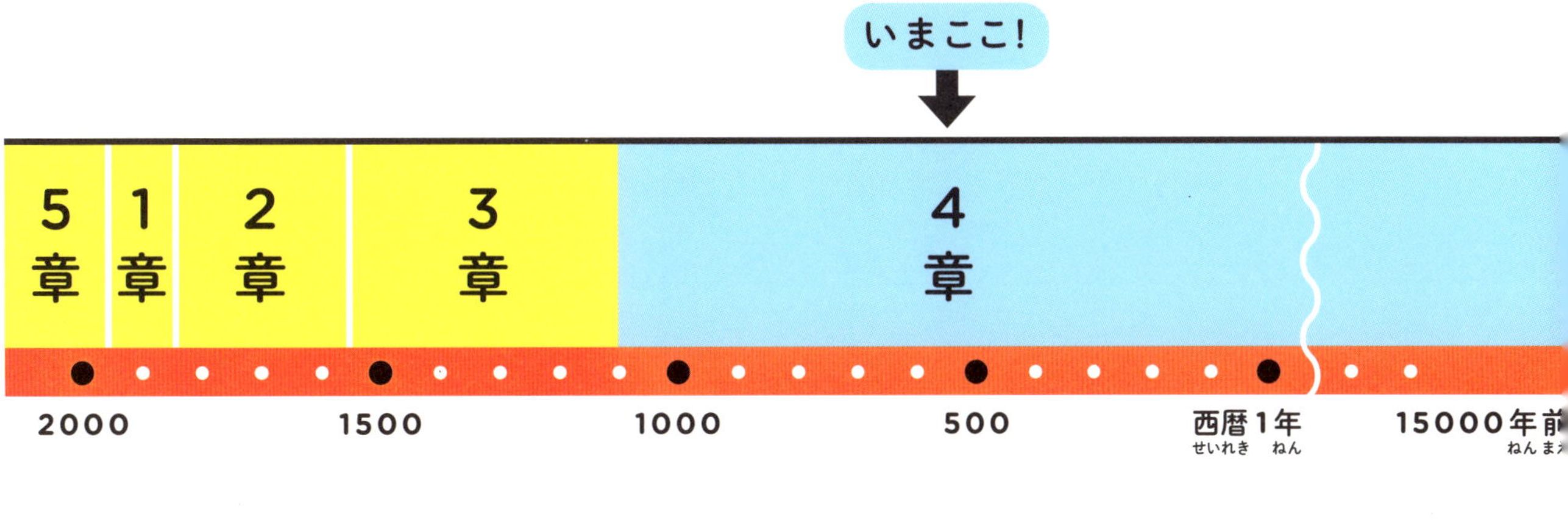

1 日本《にっ》《ぽん》はいつ生《う》まれた？

日本人《にほんじん》と日本《にっぽん》という国《くに》がまとまるまで

いま、みなさんはあたりまえのように「日本《にっぽん》」といっていますが、その「日本《にっぽん》」という国《くに》は、いつできたのでしょうか？

おおむかし、日本列島《にっぽんれっとう》は中国《ちゅうごく》や朝鮮《ちょうせん》と陸《りく》つづきでした。それがだんだんとはなれ、約《やく》1万年前《まんねんまえ》にいまの日本《にっぽん》のような形《かたち》になりました。

そのころのことを**「縄文時代《じょうもんじだい》」**とよびますが、人《ひと》びとは動物《どうぶつ》を狩《か》りでしとめたり、魚《さかな》をつったり、木《き》の実《み》をとったり、マメなどを育《そだ》てて食《た》べていました。

この生活《せいかつ》は、いまとなにが大《おお》きく違《ちが》うでしょうか？

みなさんの「主食《しゅしょく》」はなんでしょう？

そうです。ご飯《はん》、つまりお米《こめ》です（最近《さいきん》はパンが主食《しゅしょく》の人《ひと》もいるかもしれませんが）。このころは、まだお米《こめ》をつくることができませんでした。

約《やく》2500年前《ねんまえ》に中国《ちゅうごく》から**稲作《いなさく》**がつたわります。本格的《ほんかくてき》な農業《のうぎょう》ができるようになったこの時代《じだい》を**「弥生時代《やよいじだい》」**とよびます。このころ、多《おお》くの人《ひと》が中国《ちゅうごく》や朝鮮《ちょうせん》から日本《にっぽん》にわたってきました。

いつごろ国家《こっか》としての日本《にっぽん》ができたのかについての記録《きろく》は、中国《ちゅうごく》の本《ほん》にあります。3世紀《せいき》ころ、**卑弥呼《ひみこ》**という**邪馬台国《やまたいこく》**の女王《じょおう》が日本《にっぽん》の諸国《しょこく》をおさめたと書《か》かれているのです。そのころの日本《にっぽん》は**「倭《わ》」**とよばれていました。

4〜5世紀《せいき》ころには、いまの奈良県《ならけん》を中心《ちゅうしん》とした**ヤマト政権《せいけん》**ができて、**大王《おおきみ》**とよばれる人物《じんぶつ》が九州《きゅうしゅう》から関東《かんとう》にかけておさめました。その権力《けんりょく》の大《おお》きさは、いまものこる**古墳《こふん》**（墓《はか》）をみるとよくわかります。この大王《おおきみ》がのちに**天皇《てんのう》**となります。

この天皇《てんのう》を中心《ちゅうしん》に、**豪族《ごうぞく》**とよばれる有力者一族《ゆうりょくしゃいちぞく》（**蘇我氏《そがし》**や**物部氏《もののべし》**など）が国《くに》を動《うご》かしていました。こうして国家《こっか》としての日本《にっぽん》もできていったのです。

お米《こめ》が日本《にっぽん》をつくったといえるかもしれないね

縄文時代《じょうもんじだい》

約《やく》1万《まん》年《ねん》前《まえ》

日本《にっぽん》列島《れっとう》ができる

弥生時代《やよいじだい》

約《やく》2500年《ねん》前《まえ》

日本《にっぽん》に稲作《いなさく》が伝《つた》わる

縄文人《じょうもんじん》と弥生人《やよいじん》がまじったのが、いまの多《おお》くの日本人《にほんじん》の祖先《そせん》となったんだ

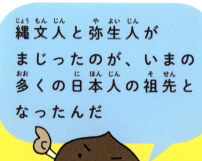

古墳時代《こふんじだい》

卑弥呼《ひみこ》は呪術《じゅじゅつ》によって国《くに》をおさめていたといわれているんだ

3世紀《せいき》ころ

邪馬台国《やまたいこく》で卑弥呼《ひみこ》が女王《じょおう》になる

4〜5世紀《せいき》

ヤマト政権《せいけん》ができる

天皇《てんのう》の仕事《しごと》とは？

こうしてあらわれた天皇《てんのう》は、現在《げんざい》までつづいているわけです。

けれども、これまでこの本《ほん》を読《よ》んできたみなさんは、**「江戸時代《えどじだい》は徳川家《とくがわけ》がトップだったし、鎌倉時代《かまくらじだい》は源氏《げんじ》がいちばん強《つよ》かったんじゃないの？」**と思《おも》うかもしれません。

これは、そのとおりです。ですが、いままで天皇《てんのう》はつづいてきました。ついでにいえば、徳川家康《とくがわいえやす》も豊臣秀吉《とよとみひでよし》も源《みなもとの》　頼朝《よりとも》も、かたちのうえでは天皇《てんのう》から政治《せいじ》をおこなう役職《やくしょく》に任命《にんめい》されたということになっていました。

なぜ、これらの人《ひと》たちはあきらかに天皇《てんのう》より強《つよ》かったのに、天皇《てんのう》をたおそうと思《おも》わなかったのか？　この点《てん》については「③藤原氏《ふじわらし》システム」でみていきます。

ところで、**そもそも天皇《てんのう》というのは何《なに》をする人《ひと》だったのでしょうか？**

もちろん、権力《けんりょく》で豪族《ごうぞく》たちを支配《しはい》できたのはまちがいありません。ただ、それよりもだいじなのは、米《こめ》や麦《むぎ》などの作物《さくもつ》がたくさんとれるようにということ、つまり「豊作《ほうさく》」を神様《かみさま》にいのる役割《やくわり》をもっていたことです。

むかしは農業技術《のうぎょうぎじゅつ》が発達《はったつ》していませんでしたので、米《こめ》がとれるかどうかが天気《てんき》によって大《おお》きく左右《さゆう》されました。作物《さくもつ》に必要《ひつよう》なだけの雨《あめ》がふって、ちゃんと晴《は》れてたくさん実《み》がなってほしい。そうでないとみんな飢《う》え死《じ》にしてしまいます。

天皇家《てんのうけ》の神様《かみさま》は**アマテラス**といって太陽《たいよう》の神様《かみさま》です。そのため、きちんと晴《は》れて作物《さくもつ》がたくさんなるようにいのってくれる存在《そんざい》だった天皇《てんのう》が、力《ちから》をもつことになりました。

地震《じしん》や台風《たいふう》などの災害《さいがい》がおきると、天皇《てんのう》が被災地《ひさいち》をおとずれておみまいしているのをニュースでみたことがないでしょうか。また、あまり知《し》られていませんが、いまでも天皇《てんのう》は、収穫《しゅうかく》に感謝《かんしゃ》する**新嘗祭《にいなめさい》**などの行事《ぎょうじ》をおこなっています。

いのることで国《くに》をまとめる**象徴《しょうちょう》**になっている点《てん》では、昔《むかし》からかわらないのかもしれません。

2 聖《しょう》徳《とく》太《たい》子《し》のすごさ

法律《ほうりつ》をはじめてつくった

国《くに》をまとめるには、ルール（きまり）が必要《ひつよう》です。いま、多《おお》くの国《くに》では「人《ひと》のものをぬすんではいけない」といったことを「法律《ほうりつ》」としてきめています。

日本《にっぽん》で最初《さいしょ》にこの法律《ほうりつ》をつくったのが、有名《ゆうめい》な聖徳太子《しょうとくたいし》だったといわれています。聖徳太子《しょうとくたいし》は推古天皇《すいこてんのう》のもとで、中国《ちゅうごく》の法律《ほうりつ》にならって「十七条《じゅうしちじょう》の憲法《けんぽう》」や「冠位十二階《かんいじゅうにかい》」といった制度《せいど》をととのえました。

十七条《じゅうしちじょう》の憲法《けんぽう》の内容《ないよう》は、次《つぎ》のようなものです。

第一条《だいいちじょう》　和《わ》を大切《たいせつ》にして、あらそうことのないようにしなさい

（和《わ》をもって貴《とうと（たっと）》しとなす）

聖徳太子《しょうとくたいし》の時代《じだい》から大切《たいせつ》にされていた日本人《にほんじん》の「和《わ》」

第二条《だいにじょう》　深《ふか》く仏教《ぶっきょう》をうやまいなさい
第三条《だいさんじょう》　天皇《てんのう》の命令《めいれい》には必《かなら》ずしたがいなさい
第八条《だいはちじょう》　役人《やくにん》たちは、朝早《あさはや》く役所《やくしょ》にいき、おそくまで仕事《しごと》をしなさい
第十七条《だいじゅうしちじょう》　ものごとはひとりで決《き》めずに、必《かなら》ずみんなで議論《ぎろん》しなさい

法律《ほうりつ》というよりは、日本人《にほんじん》としての心《こころ》がまえのようにきこえるかもしれません。

じっさい、いまでも日本人《にほんじん》は世界的《せかいてき》に見《み》てもおだやかで、**「和《わ》」を大切《たいせつ》にして**まわりと仲《なか》よくやっていく人《ひと》が多《おお》いように思《おも》えます。

冠位十二階《かんいじゅうにかい》というのは、役人《やくにん》の役職《やくしょく》のきまりです。冠《かんむり》（帽子《ぼうし》）の色《いろ》で役職《やくしょく》がわかるようになっていて、紫色《むらさきいろ》がいちばん上《うえ》とされました。

これは、生《う》まれや家《いえ》がらにとらわれず、**能力《のうりょく》のある人《ひと》が役職《やくしょく》につける**ようにというものでした。

聖徳太子《しょうとくたいし》の考《かんが》えたことは、とても現代的《げんだいてき》だったことがわかります。

574

聖《しょう》徳《とく》太《たい》子《し》
生《う》まれる

600

中国《ちゅうごく》から
学《まな》ぶ

第《だい》一《いっ》回《かい》
遣《けん》隋《ずい》使《し》

603

「国《くに》」を
つくる

冠《かん》位《い》十《じゅう》二《に》階《かい》の
制《せい》度《ど》ができる

聖《しょう》徳《とく》太《たい》子《し》は、いまでいう
法《ほう》律《りつ》をはじめて
つくったんだ

仏教《ぶっきょう》が伝わる

604

十七条《じゅうしちじょう》の憲法《けんぽう》ができる

607

法隆寺《ほうりゅうじ》がたてられる

法隆寺《ほうりゅうじ》はいまでものこっている世界最古《せかいさいこ》の木造建築《もくぞうけんちく》のひとつだよ

中《ちゅう》国《ごく》からいろいろなことを学《まな》んだ

聖《しょう》徳太子《とくたいし》の時代《じだい》、**小野妹子**《おののいもこ》たちを中国《ちゅうごく》におくって勉強《べんきょう》をさせました。当時《とうじ》、中国《ちゅうごく》は**隋**《ずい》という国《くに》でしたから、**これは「遣隋使《けんずいし》」とよばれました。かれらは何《なに》を学《まな》んだのでしょうか？**

このとき聖徳太子《しょうとくたいし》から隋《ずい》の皇帝《こうてい》におくられた文書《ぶんしょ》には**「日出《ひい》ずる処《ところ》の天《てん》子《し》、書《しょ》を日没《ひぼつ》する処《ところ》の天子《てんし》にいたす」**と書《か》かれていました。太陽《たいよう》がのぼるところ、つまり中国《ちゅうごく》からみて東《ひがし》にある国《くに》の王《おう》が手紙《てがみ》を送《おく》るということです。

これが「日本《にっぽん》」（ひのもと）という国名《こくめい》のゆらいとされています。

ところで、この文書《ぶんしょ》をみた隋《ずい》の皇帝《こうてい》はとてもおこったといいます。

どうしてでしょうか？

当時《とうじ》、アジアの国《くに》ぐにの王《おう》は、強《つよ》い国《くに》である中国《ちゅうごく》におくりものをして、自分《じぶん》が国王《こくおう》であることを中国皇帝《ちゅうごくこうてい》にみとめてもらっていました。

日本《にっぽん》もいちおうそうしたのですが、「太陽《たいよう》がのぼる国《くに》＝日本《にっぽん》、太陽《たいよう》がしずむ国《くに》＝中国《ちゅうごく》」とすれば、どうみても日本《にっぽん》が中国《ちゅうごく》にしたがうと言《い》っているようには思《おも》えません。独立《どくりつ》した国《くに》どうしの対等《たいとう》な感《かん》じがします。だからこそ中国皇帝《ちゅうごくこうてい》はおこったのです。

この時代《じだい》、日本《にっぽん》はこうした遣隋使《けんずいし》をとおして、中国《ちゅうごく》から国《くに》をまとめるために必要《ひつよう》な**「政治《せいじ》のしくみ」**と**「仏教《ぶっきょう》」**を学《まな》びました。

政治《せいじ》のしくみというのは、さきほどの憲法《けんぽう》など法律《ほうりつ》や、お役所《やくしょ》の制度《せいど》や税《ぜい》の制度《せいど》です。これらを**「律令《りつりょう》」**とよんでいます。

そして、聖徳太子《しょうとくたいし》や力《ちから》の強《つよ》い豪族《ごうぞく》だった**蘇我氏《そがし》**は、仏教《ぶっきょう》を国《くに》の基本《きほん》理念《りねん》として広《ひろ》めました。奈良県《ならけん》にある**法隆寺《ほうりゅうじ》**はこのころできました。

その後《ご》、日本《にっぽん》ではじめての「都《みやこ》」とされる**藤原京《ふじわらきょう》**（いまの奈良県《ならけん》）がつくられました。中国《ちゅうごく》の都《みやこ》のつくりをまねたもので、その方法《ほうほう》はあとの時代《じだい》にもうけつがれました。

いまの京都《きょうと》のまちをみると、京都御所《きょうとごしょ》（天皇《てんのう》のすむところ）を中心《ちゅうしん》に碁盤《ごばん》の目《め》のように、たてよこに道路《どうろ》がとおって都市《とし》がつくられていますが、このつくりと基本的《きほんてき》におなじです。

3 藤《ふじ》原《わら》氏《し》システム

2番《ばん》めがいちばんえらい？

日《にっ》本《ぽん》の都《みやこ》は、710年《ねん》に平《へい》城京《じょうきょう》（いまの奈良《なら》）、794年《ねん》に平安京《へいあんきょう》（京都《きょうと》）にうつされました。このあと、源頼朝《みなもとのよりとも》が鎌倉《かまくら》幕府《ばくふ》をひらくまでの約《やく》400年間《ねんかん》は、みかけは天皇中心《てんのうちゅうしん》の平安時代《へいあんじだい》がつづきます。

みかけ、というのは、平安時代《へいあんじだい》になると、位《くらい》の高《たか》い役人《やくにん》たちが「貴族《きぞく》」としてつよい力《ちから》をもつようになるからです。そのなかでも藤原氏《ふじわらし》は権力《けんりょく》をつよめ、天皇《てんのう》ですら自分《じぶん》のおもいどおりに動《うご》かせるようになります。

なぜ、藤原氏《ふじわらし》は天皇《てんのう》を動《うご》かすことができたのでしょうか？

それは次《つぎ》のような方法《ほうほう》です。藤原氏《ふじわらし》は自分《じぶん》の娘《むすめ》を天皇《てんのう》と結婚《けっこん》させました。すると、自分《じぶん》は天皇《てんのう》の「義理《ぎり》の父親《ちちおや》」となるわけです。そして、天皇《てんのう》と自分《じぶん》の娘《むすめ》とのあいだに生《う》まれた子《こ》を、次《つぎ》の天皇《てんのう》としてさっさと即位《そくい》させてしまいます。

おさなくして即位《そくい》した天皇《てんのう》は、まだ政治《せいじ》なんてわかりません。そこで藤原氏《ふじわらし》は、天《てん》皇《のう》のかわりに政治《せいじ》をおこなう「**摂政**《せっしょう》」という役職《やくしょく》についてしまうのです。さらに天皇《てんのう》が成人《せいじん》してからも、「**関白**《かんぱく》」という役職《やくしょく》について政治《せいじ》に口《くち》を出《だ》しました。

これを教科書《きょうかしょ》では「**摂関政治**《せっかんせいじ》」とよんでいますが、ぼくは、その後《ご》の日本《にっぽん》という国《くに》にずっと影響《えいきょう》をあたえたという意味《いみ》をこめて「**藤原氏**《ふじわらし》**システム**」とよびたいと思《おも》います。

これまでみてきた時代《じだい》では、鎌倉時代《かまくらじだい》の源 頼朝《みなもとのよりとも》から江戸時代《えどじだい》の徳川家康《とくがわいえやす》まで、それぞれその時代《じだい》のいちばん強《つよ》い人《ひと》たちが支配《しはい》しました。

けれども、それらの時代《じだい》にも天皇《てんのう》はのこってきました。しかも、形《かたち》のうえでは日本《にっぽん》のトップとして。これは世界的《せかいてき》にみればめずらしいことです。

各時代《かくじだい》の支配者《しはいしゃ》は、制度《せいど》では2番目《ばんめ》の地位《ちい》だけど、じっさいにはみんなを動《うご》かす。これは、いまの社会《しゃかい》でもみられます。この日本的《にほんてき》なシステムを最初《さいしょ》につくったのが藤原氏《ふじわらし》だったのです。

しゅうと（妻《つま》の父親《ちちおや》）が、いちばん力《ちから》をもっていたんだ

碁盤《ごばん》の目《め》のような街《まち》になっているよ

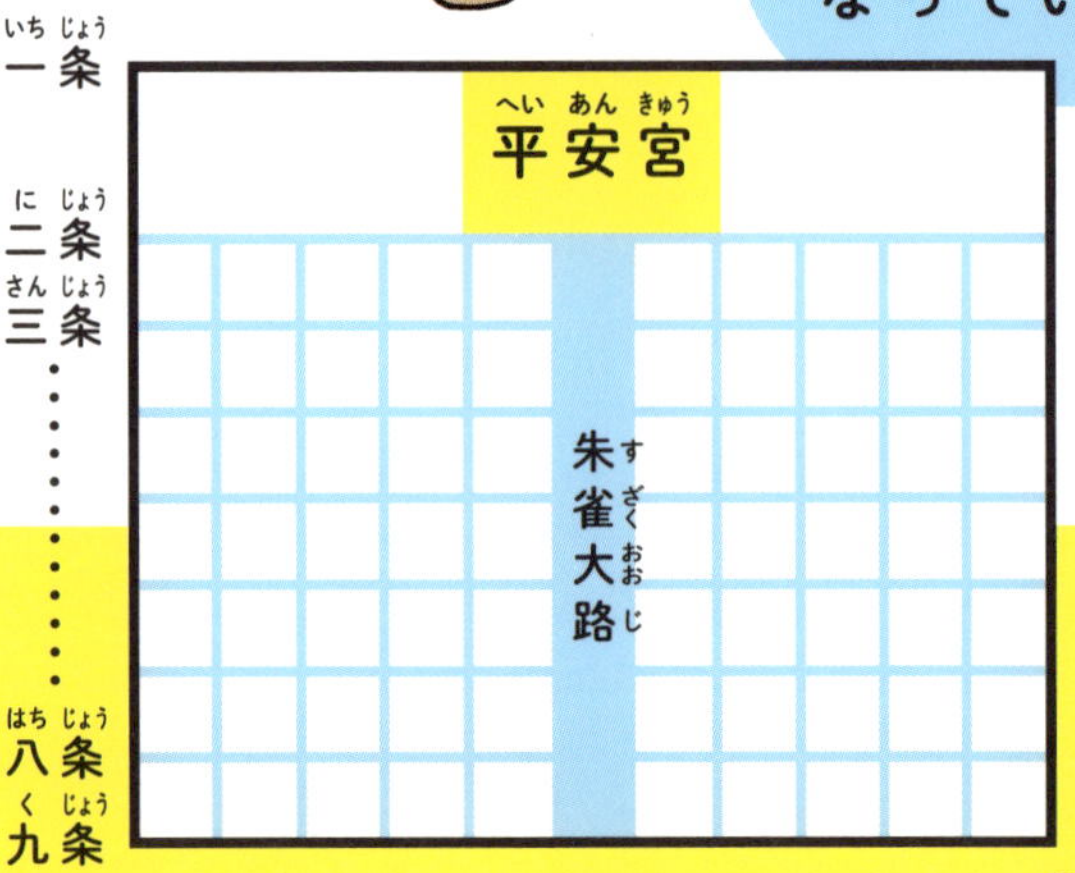
一条《いちじょう》
二条《にじょう》
三条《さんじょう》
八条《はちじょう》
九条《くじょう》
平安宮《へいあんきゅう》
朱雀大路《すざくおおじ》

奈《な》良《ら》時《じ》代《だい》

710
平城京《へいじょうきょう》に都《みやこ》がうつる

694
藤原京《ふじわらきょう》ができる

平安京《へいあんきょう》のつくりが、いまの京都《きょうと》にそのままのこっているんだね

平《へい》安《あん》時《じ》代《だい》

摂《せっ》関《かん》政《せい》治《じ》

794
なくよウグイス
平《へい》安《あん》京《きょう》

794

平《へい》安《あん》京《きょう》に都《みやこ》がうつる

858

藤《ふじ》原《わらの》良《よし》房《ふさ》がはじめて摂《せっ》政《しょう》となる

884

藤《ふじ》原《わらの》基《もと》経《つね》がはじめて関《かん》白《ぱく》となる

藤《ふじ》原《わらの》道《みち》長《なが》は「この世《よ》はオレのものだ」という和《わ》歌《か》をよんだんだ

世界《せかい》最古《さいこ》の小説《しょうせつ》は日本《にっぽん》でうまれた？

ところで、みなさんは日本語《にほんご》を書《か》くとき、ひらがなやカタカナ、漢字《かんじ》をまぜて書《か》きますね。

日本人《にほんじん》はまず漢字《かんじ》の音《おん》をあてて日本語《にほんご》を書《か》きました。たとえば「阿＝あ」「伊＝い」のように。その漢字《かんじ》をくずすことで**ひらがな**を、漢字《かんじ》の一部《いちぶ》をとることで**カタカナ**をうみだしたのが、この時代《じだい》でした。

文字《もじ》がうまれると、なにがおきるでしょうか？　記録《きろく》はもちろんですが、文学作品《ぶんがくさくひん》がたくさんうまれるようになります。

たとえば、貴族《きぞく》のあいだなどでは和歌《わか》がさかんにつくられるようになります。天皇《てんのう》の命令《めいれい》でいい歌《うた》をあつめた**『古今和歌集《こきんわかしゅう》』**という本《ほん》もつくられました。和歌《わか》というのは、五七五七七《ごしちごしちしち》の詩《し》で次《つぎ》のようなものです。

花《はな》の色《いろ》は 移《うつ》りにけりな いたづらに わが身世《みよ》にふる ながめせしまに

（小野小町《おののこまち》）

また、世界最古《せかいさいこ》の小説《しょうせつ》ともいわれる『源氏物語《げんじものがたり》』や、宮廷《きゅうてい》の生活《せいかつ》について思《おも》ったことをまとめた『枕草子《まくらのそうし》』などが書《か》かれたのもこのころです。

おもしろいのは、『源氏物語《げんじものがたり》』は紫式部《むらさきしきぶ》、『枕草子《まくらのそうし》』は清少納言《せいしょうなごん》という、どちらも女性《じょせい》が書《か》いていることです。じつは当時《とうじ》かな文字《もじ》を使《つか》ったのはおもに女性《じょせい》で、男性《だんせい》は漢字《かんじ》を使《つか》っていたのです。

『源氏物語《げんじものがたり》』は、光源氏《ひかるげんじ》というモテモテの男《おとこ》を主人公《しゅじんこう》として平安貴族《へいあんきぞく》の世界《せかい》を書《か》いたとても長《なが》い物語《ものがたり》です。

また、『枕草子《まくらのそうし》』は日々《ひび》の生活《せいかつ》の中《なか》で感《かん》じたことをすなおに書《か》いたものです。冒頭《ぼうとう》の「春《はる》はあけぼの」など女性《じょせい》の目《め》からみたおもしろいものや好《す》きなもの、きらいなものを書《か》いていて、とてもおもしろく読《よ》めます。

こうしてみると、日本人的《にほんじんてき》な感《かん》じかたや考《かんが》えかたというのは、すでにこの時代《じだい》からもっていたものかもしれませんね。

5章《しょう》

戦《せん》後《ご》から いままで

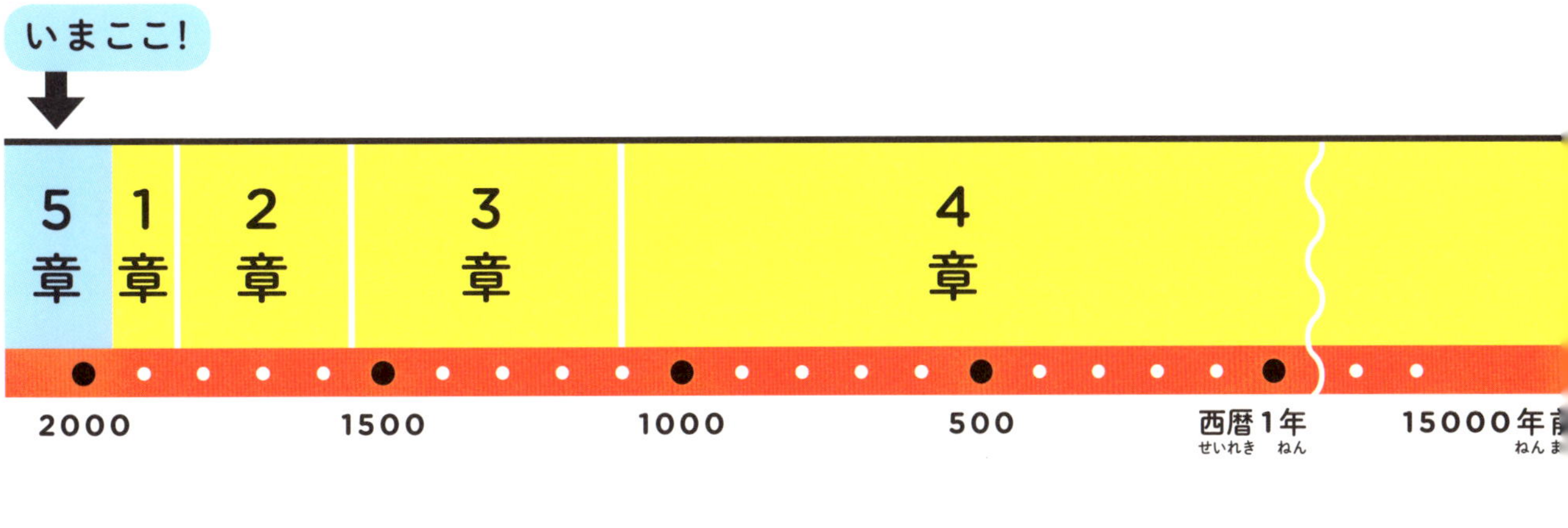

1 日《にっ》本《ぽん》が占《せん》領《りょう》された

これまで、この本《ほん》では時代《じだい》をさかのぼりながら日本《にっぽん》の歴史《れきし》をみてきました。最後《さいご》の5章《しょう》では、また新《あたら》しい時代《じだい》にもどります。

アメリカは日本《にっぽん》をどう変《か》えた？

「戦後《せんご》」、つまり太平洋戦争後《たいへいようせんそうご》の日本《にっぽん》はどうなったのでしょうか。

じつは、日本《にっぽん》はこの戦後《せんご》すぐの時期《じき》に占領《せんりょう》されていました。日本《にっぽん》を占領《せんりょう》していたのは太平洋戦争《たいへいようせんそう》の相手《あいて》であった**連合国軍**《れんごうこくぐん》（連合国軍総司令部《れんごうこくぐんそうしれいぶ》＝**GHQ**《ジーエイチキュー》と呼《よ》びます）ですけれども、ほぼアメリカといってよいでしょう。

そのGHQ《ジーエイチキュー》の最高司令官《さいこうしれいかん》が**マッカーサー**という人《ひと》で、サングラスをかけてパイプをくわえながら飛行機《ひこうき》からおりてくる写真《しゃしん》で有名《ゆうめい》です。

GHQ《ジーエイチキュー》が日本《にっぽん》にきておこなったのは、日本《にっぽん》を**「民主化《みんしゅか》」**することでした。民主《みんしゅ》化《か》というのは、民主主義《みんしゅしゅぎ》を根《ね》づかせることです。つまり国民《こくみん》が自分《じぶん》たちで国《くに》のことを決《き》められるようにしようとしました。

なぜなら、日本《にっぽん》は民主主義《みんしゅしゅぎ》が根《ね》づかずに**軍国主義《ぐんこくしゅぎ》**となってしまったとされたからです。アメリカは、日本《にっぽん》が二度《にど》と自分《じぶん》に刃向《はむ》かう国《くに》にならないようにしようとしました。

民主化政策《みんしゅかせいさく》にはいろいろあるのですが、代表的《だいひょうてき》なものを紹介《しょうかい》しましょう。

ひとつは、**財閥《ざいばつ》の解体《かいたい》**です。戦前《せんぜん》の日本《にっぽん》は「財閥《ざいばつ》」とよばれる企業《きぎょう》グループ（三菱《みつびし》・三井《みつい》・住友《すみとも》など）の力《ちから》がひじょうに強《つよ》く、政治《せいじ》や軍事《ぐんじ》と結《むす》びついていました。それら財閥《ざいばつ》グループを解体《かいたい》させ、よわくしたのです。

また、男女平等《だんじょびょうどう》とされて、女性《じょせい》にも**参政権《さんせいけん》**（投票《とうひょう》する権利《けんり》）があたえられました。戦前《せんぜん》は選挙《せんきょ》で投票《とうひょう》できたのは男《だん》性《せい》だけだったんですね。

言論《げんろん》の自由《じゆう》もみとめられました。戦時中《せんじちゅう》は国《くに》や軍《ぐん》を悪《わる》く言《い》ったりすれば、警察《けいさつ》につかまってしまいましたが、自分《じぶん》の考《かんが》えを自由《じゆう》に言《い》うことができるようになったのです。

二度《にど》と
戦争《せんそう》はしないと
決《き》めた憲法《けんぽう》は
たいせつだね

敗《はい》戦《せん》

(昭《しょう》和《わ》20年《ねん》)

1945.8.15

玉《ぎょく》音《おん》放《ほう》送《そう》

天《てん》皇《のう》が国《こく》民《みん》にむけてラジオで終《しゅう》戦《せん》を伝《つた》えた

占《せん》領《りょう》

1947

日《にっ》本《ぽん》国《こく》憲《けん》法《ぽう》ができる

特《とく》ちょう

◆国《こく》民《みん》主《しゅ》権《けん》

◆平《へい》和《わ》主《しゅ》義《ぎ》

◆基《き》本《ほん》的《てき》人《じん》権《けん》

GHQ《ジーエイチキュー》の改《かい》革《かく》

◆農《のう》地《ち》改《かい》革《かく》

◆男《だん》女《じょ》平《びょう》等《どう》

◆言《げん》論《ろん》の自《じ》由《ゆう》

返《かえ》してもらうのが
おくれた場所《ばしょ》も
あったんだ

独立《どくりつ》

奄《あま》美《み》→1953年《ねん》
小《お》笠《がさ》原《わら》→1968年《ねん》

1951

サンフランシスコ講《こう》和《わ》会《かい》議《ぎ》
←
日《に》本《っぽん》が独《ど》立《くりつ》

1956

ソ連《れん》と国《こっ》交《こう》回《かい》復《ふく》

1972

沖《おき》縄《なわ》返《へん》還《かん》

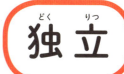

日本国憲法《にっぽんこくけんぽう》に書《か》いてあること

さて、民主化《みんしゅか》のためにたいせつだったのが**日本国憲法《にっぽんこくけんぽう》**の制定《せいてい》です。戦前《せんぜん》の**大日本帝国憲法《だいにっぽんていこくけんぽう》**にかわって施行《しこう》されました。

そもそも憲法《けんぽう》というものは、どのような法律《ほうりつ》なのでしょうか?

他《ほか》の法律《ほうりつ》とのいちばんの違《ちが》いは、憲法《けんぽう》は国民《こくみん》の権利《けんり》を認《みと》めさせて、国《くに》（政府《せいふ》）が好《す》き放題《ほうだい》をやらないように約束《やくそく》をさせるというものです。

この日本国憲法《にっぽんこくけんぽう》の大《おお》きな特《とく》ちょうは3つあります。

それが**「国民主権《こくみんしゅけん》」「基本的人権《きほんてきじんけん》の尊重《そんちょう》」「平和主義《へいわしゅぎ》」**です。

国民主権《こくみんしゅけん》というのは、**国《くに》の政治《せいじ》は国民自身《こくみんじしん》が決《き》める**ということです。戦前《せんぜん》は、主権《しゅけん》は天皇《てんのう》にありました。新《あたら》しい憲法《けんぽう》では、天皇《てんのう》は**「日本国民統合《にっぽんこくみんとうごう》の象徴《しょうちょう》」**となって、政治的《せいじてき》な権力《けんりょく》をもたないことになりました。

基本的人権《きほんてきじんけん》というのは、人間《にんげん》が生《う》まれながらにしてもっている権利《けんり》のことです。たとえば、職業選択《しょくぎょうせんたく》の自由《じゆう》、表現《ひょうげん》の自由《じゆう》、差別《さべつ》を受《う》けない、健康《けんこう》で文化的《ぶんかてき》な最低限度《さいていげんど》の生活《せいかつ》をおくる、などです。これらの権利《けんり》をすべての人《ひと》がもっています。

平和主義《へいわしゅぎ》は、けっして戦争《せんそう》をしないということを決《き》めたもので、有名《ゆうめい》な**憲法第9条**《けんぽうだいじょう》では、陸軍《りくぐん》・海軍《かいぐん》・空軍《くうぐん》などの戦力《せんりょく》をもたないとしています（ちなみに、のちにつくられた自衛隊《じえいたい》は「自衛《じえい》＝自分《じぶん》をまもる」のためだからよいとされています）。

こうして制度《せいど》としては新《あたら》しい国家《こっか》としての道《みち》をあゆみだしましたが、終《しゅう》戦直後《せんちょくご》の日本《にっぽん》はたいへんな状況《じょうきょう》でした。

東京《とうきょう》など都市《とし》の多《おお》くは空襲《くうしゅう》で焼《や》け野原《のはら》となっており、住《す》むところがありませんでした。多《おお》くの人《ひと》が、まにあわせの小屋《こや》などでくらしました。

なによりも食《た》べものがありません。戦争中《せんそうちゅう》からおこなっていた米《こめ》の**配**《はい》**給**《きゅう》は戦後《せんご》もつづけられましたが、くらしていくにはぜんぜん足《た》りない量《りょう》でしたので、**ヤミ市**《いち》とよばれる違法《いほう》のお店《みせ》で食品《しょくひん》が高値《たかね》で売《う》られました。

そこへ、中国《ちゅうごく》など海外《かいがい》でくらしていた人《ひと》や、戦地《せんち》へおくられていた兵隊《へいたい》さんがいっせいに帰《かえ》ってきました。

その結果《けっか》、いよいよひどい食糧不足《しょくりょうぶそく》となり、国民《こくみん》の多《おお》くが日々《ひび》の生活《せいかつ》にも困《こま》るような状況《じょうきょう》だったのです。

2 独立《どくりつ》と高度《こう ど》成長《せいちょう》

日本《にっぽん》が独立《どくりつ》できた理由《りゆう》は?

アメリカによる占領《せんりょう》のもとで、戦後《せんご》の日本《にっぽん》は再《さい》スタートしました。

では、いつ日本《にっぽん》の占領《せんりょう》は終《お》わったのでしょうか?

第二次大戦後《だいにじたいせんご》の世界《せかい》では、アメリカと**ソ連《れん》**(**ソビエト社会主義共和国連邦《しゃかいしゅぎきょうわこくれんぽう》**。いまのロシアが中心《ちゅうしん》)というふたつの巨大《きょだい》な国家《こっか》の対立《たいりつ》がふかまっていきました(のちにこの2国《こく》の対立《たいりつ》は**「冷戦《れいせん》」**とよばれます)。

ソ連《れん》は**共産主義《きょうさんしゅぎ》**をめざす国家《こっか》をふやそうとしており、中国《ちゅうごく》でも共産党政権《きょうさんとうせいけん》ができました(**中華人民共和国《ちゅうかじんみんきょうわこく》**)。

共産主義《きょうさんしゅぎ》というのは、アメリカなどの資本主義《しほんしゅぎ》に対《たい》する言葉《ことば》で、資本家《しほんか》など個人《こじん》や会社《かいしゃ》がお金《かね》を独占《どくせん》しない平等《びょうどう》な社会《しゃかい》を実現《じつげん》しようとする考《かんが》え方《かた》です。アメリカや

西欧《せいおう》の国《くに》ぐには、共産主義《きょうさんしゅぎ》の国《くに》がふえることをおそれました。

この対立《たいりつ》はアジアでもおこります。戦争中《せんそうちゅう》に日本《にっぽん》が占領《せんりょう》していた朝鮮半島《ちょうせんはんとう》は、戦《せん》後《ご》、**北緯《ほくい》38度《ど》**より北《きた》をソ連《れん》が、南《みなみ》をアメリカが占領《せんりょう》しました。その後《ご》それぞれ**北朝鮮《きたちょうせん》（朝鮮民主主義人民共和国《ちょうせんみんしゅしゅぎじんみんきょうわこく》）**と**韓国《かんこく》（大韓民国《だいかんみんこく》）**として独立《どくりつ》しました。

そして、1950年《ねん》に**朝鮮戦争《ちょうせんせんそう》**がはじまります。

こうしたことから、アメリカは日本《にっぽん》を独立《どくりつ》させることにします。日本《にっぽん》を経済的《けいざいてき》に自《じ》立《りつ》させて、対共産主義国家《たいきょうさんしゅぎこっか》の拠点《きょてん》としようとしたのです。

その結果《けっか》、1951年《ねん》に**サンフランシスコ講和会議《こうわかいぎ》**がひらかれ、日本《にっぽん》は独立《どくりつ》します。ただし、沖縄《おきなわ》（1972年返還《ねんへんかん》）や小笠原諸島《おがさわらしょとう》（1968年返還《ねんへんかん》）などは占《せん》領《りょう》されたままでした。

この独立《どくりつ》のかわりに結《むす》ばれたのが**「日米安全保障条約《にちべいあんぜんほしょうじょうやく》」**というものです。独立《どくりつ》しても日本《にっぽん》の基地《きち》にアメリカ軍《ぐん》がとどまることになりました。これがいまも沖縄《おきなわ》に多《おお》くの米軍基地《べいぐんきち》がある理由《りゆう》です。

独立《どくりつ》してからも日本《にっぽん》はアメリカの影響《えいきょう》をうけているんだね

戦《せん》後《ご》の混《こん》乱《らん》

アメリカ軍《ぐん》は日本《にっぽん》から
戦争《せんそう》に必要《ひつよう》なものを
買《か》ったんだ。おかげで
日本経済《にっぽんけいざい》が回復《かいふく》したんだね

1950

朝鮮戦争《ちょうせんせんそう》

（昭和《しょうわ》39年《ねん》）
1964

東京《とうきょう》オリンピック

高度《こうど》経済《けいざい》成長《せいちょう》

バブル経済《けいざい》

1970
万国《ばんこく》博覧会《はくらんかい》（大阪《おおさか》万博《ばんぱく》）

1980年代《ねんだい》後半《こうはん》
バブル景気《けいき》

1990年代《ねんだい》前半《ぜんはん》
バブル崩壊《ほうかい》

芸術家《げいじゅつか》の岡本太郎《おかもとたろう》が
つくった「太陽《たいよう》の塔《とう》」は
万博《ばんぱく》のシンボルになったんだ

奇《き》跡《せき》のような経《けい》済《ざい》成《せい》長《ちょう》

終《しゅう》戦直後《せんちょくご》の日本《にっぽん》は、食《た》べるにも困《こま》るような状況《じょうきょう》でしたが、それから約《やく》20年後《ねんご》の1968年《ねん》には、アメリカに次《つ》ぐ世界《せかい》2位《い》の**経済大国**《けいざいたいこく》になりました（ちなみに現在《げんざい》は中国《ちゅうごく》が2位《い》、日本《にっぽん》は3位《い》です）。

それでは、**どのようにしてそんな経済成長《けいざいせいちょう》をなしとげたのでしょうか？**

大《おお》きな理由《りゆう》は、さきほど出《で》てきた**朝鮮戦争**《ちょうせんせんそう》です。

朝鮮半島《ちょうせんはんとう》と日本《にっぽん》はとなりですから、アメリカは戦争《せんそう》に必要《ひつよう》なものを日本《にっぽん》に注文《ちゅうもん》しました。そのおかげで、日本《にっぽん》の企業《きぎょう》はたくさんの利益《りえき》をえることができ、戦後《せんご》の不況《ふきょう》からぬけだすことができました。

1955年《ねん》ころからさらに景気《けいき》はよくなり、政府《せいふ》は**「もはや戦後《せんご》ではない」**と発表《はっぴょう》しました。

工業《こうぎょう》が発展《はってん》し、家庭《かてい》ではテレビ、冷蔵庫《れいぞうこ》、洗濯機《せんたくき》といった電化製品《でんかせいひん》（**三**《さん》**種**《しゅ》**の神器**《じんぎ》とよばれました）が使《つか》われるようになりました。

1964年《ねん》には**東京**《とうきょう》**オリンピック**がひらかれ、それにあわせて**新**《しん》

幹線《かんせん》や**高速道路《こうそくどうろ》**がつぎつぎとできていきました。こうした時代《じだい》を**「高度経済成長《こうどけいざいせいちょう》」**の時期《じき》とよびます。

　１９７０年代《ねんだい》には、中東《ちゅうとう》で戦争《せんそう》がおこったことにより、**石油危機《せきゆきき》**がおきたりしますが、日本《にっぽん》の経済成長《けいざいせいちょう》はとまりませんでした。日本《にっぽん》の自動車会社《じどうしゃがいしゃ》は世界《せかい》への輸出《ゆしゅつ》をふやし、アメリカでは、あまりに日本《にほん》車《しゃ》が売《う》れるため、日本《にっぽん》のメーカーへの反発《はんぱつ》も強《つよ》まりました。

　１９８０年代《ねんだい》には、土地《とち》や株式《かぶしき》の値段《ねだん》がどんどん上《あ》がり、多《おお》くの人《ひと》が投資《とうし》（将来値段《しょうらいねだん》が上《あ》がると予想《よそう》してものを買《か》うこと）するようになりました。これを**「バブル景気《けいき》」**といいます。バブルというのは「泡《あわ》」という意味《いみ》ですが、泡《あわ》のようにふくらんだということです。

　ただ、こうした異常《いじょう》なことは長《なが》くはつづきませんでした。１９９０年代《ねんだい》に入《はい》ると景気《けいき》が悪《わる》くなり、土地《とち》や株《かぶ》の値段《ねだん》はとたんに下《さ》がってしまいます。バブルの時代《じだい》にそれらを買《か》った人《ひと》たちは、大損《おおぞん》をしてしまいました。

　泡《あわ》がはじけるように、「バブル」がはじけてしまったのです（**バブル崩壊《ほうかい》**）。

3 これから どこへむかう？

未来《みらい》を考《かんが》えるのに ひつようなこと

ここまで、日本《にっぽん》の歴史《れきし》をみてきて、どのように感《かん》じたでしょうか？　ここから先《さき》はおそらく、みなさんのお父《とう》さんやお母《かあ》さんが生《い》きてきた時代《じだい》の話《はなし》ですから「歴史《れきし》」とよぶには近《ちか》すぎるかもしれません。

歴史《れきし》の勉強《べんきょう》は、たんに昔《むかし》のできごとを知《し》るためのものではなく、**「これからわたしたちはどこへむかうのか？」**を考《かんが》えるためのものです。

バブル崩壊後《ほうかいご》の日本経済《にっぽんけいざい》はなかなか回復《かいふく》しませんでした。さらに、1995年《ねん》には**阪神《はんしん》・淡路大震災《あわじだいしんさい》**と**地下鉄《ちかてつ》サリン事件《じけん》**というふたつのできごとがおこります。

地下鉄《ちかてつ》サリン事件《じけん》は、オウム真理教《しんりきょう》という新興宗教団体《しんこうしゅうきょうだんたい》が、東京《とうきょう》の地下鉄車内《ちかてつしゃない》で猛毒《もうどく》のサリンをまいた事件《じけん》で、社会《しゃかい》に大《おお》きなショックを与《あた》えました。

2011年《ねん》には**東日本大震災《ひがしにほんだいしんさい》**がおこり、津波《つなみ》などで1万《まん》5000人《にん》をこえる人《ひと》がなくなりました。

福島第一原子力発電所《ふくしまだいいちげんしりょくはつでんしょ》の事故《じこ》で放射性物質《ほうしゃせいぶっしつ》がもれ、周辺《しゅうへん》の住民《じゅうみん》は避難《ひなん》するなど、その影響《えいきょう》はいまもつづいています。

老人《ろうじん》の数《かず》が若者《わかもの》よりも増《ふ》えていく**高齢化《こうれいか》**や**少子化《しょうしか》**、経済的《けいざいてき》**格差《かくさ》**の拡大《かくだい》など、日本《にっぽん》の課題《かだい》はたくさんあります。

けれども、ぼくは日本《にっぽん》の未来《みらい》について希望《きぼう》をうしなっていません。歴史《れきし》をみれば、明治《めいじ》の近代化《きんだいか》も戦後《せんご》の再出発《さいしゅっぱつ》も、奇跡《きせき》に近《ちか》いことを日本人《にほんじん》はなしとげました。

そのために必要《ひつよう》なのが、「勉強《べんきょう》」だと思《おも》います。勉強《べんきょう》といっても、暗記《あんき》してテストで点《てん》をとることではありません。福沢諭吉《ふくざわゆきち》が『学問《がくもん》のすすめ』で言《い》ったように、自分《じぶん》の頭《あたま》で考《かんが》え、向上心《こうじょうしん》をもちながらも、心《こころ》の落《お》ち着《つ》いたおだやかな人間《にんげん》になること。

その力《ちから》を身《み》につけることが勉強《べんきょう》です。

わたしたちの祖先《そせん》は成功《せいこう》も失敗《しっぱい》もくりかえしてきました。**その知恵《ちえ》を利用《りよう》して、どうすれば未来《みらい》をよりよいものにできるのかを考《かんが》える。**

それこそが歴史《れきし》を学《まな》ぶことの意味《いみ》なのです。

どんな世《よ》のなかになってほしいか、考《かんが》えてみよう

この本《ほん》で学《まな》んだ言葉《ことば》

黄色《きいろ》マーカーをつけた言葉《ことば》を時代順《じだいじゅん》にならべてみました。
どんな内容《ないよう》だったかを思《おも》いだして、ほかの人《ひと》に説明《せつめい》してみよう！

古代《こだい》

4章 1

- 縄文時代《じょうもんじだい》
- 弥生時代《やよいじだい》

- 稲作《いなさく》
- 卑弥呼《ひみこ》

- 邪馬台国《やまたいこく》
- 倭《わ》

- ヤマト政権《せいけん》
- 大王《おおきみ》
- 天皇《てんのう》

飛鳥《あすか》

4章 2

- 聖徳太子《しょうとくたいし》
- 推古天皇《すいこてんのう》

- 十七条《じゅうしちじょう》の憲法《けんぽう》
- 冠位十二階《かんいじゅうにかい》

- 遣隋使《けんずいし》
- 蘇我氏《そがし》

- 法隆寺《ほうりゅうじ》
- 藤原京《ふじわらきょう》

奈良《なら》・平安《へいあん》

4章 3

- 平城京《へいじょうきょう》
- 平安京《へいあんきょう》
- 貴族《きぞく》（藤原氏《ふじわらし》）

- 摂政《せっしょう》
- 関白《かんぱく》
- 摂関政治《せっかんせいじ》

- ひらがな カタカナ
- 紫式部《むらさきしきぶ》『源氏物語《げんじものがたり》』
- 清少納言《せいしょうなごん》『枕草子《まくらのそうし》』

鎌倉《かまくら》

3章 1

- 武士《ぶし》
- 平氏《へいし》

- 源氏《げんじ》
- 平清盛《たいらのきよもり》

- 源 頼朝《みなもとのよりとも》
- 源 義経《みなもとのよしつね》

- 壇ノ浦《だんのうら》の戦《たたか》い

3章 2

- 御家人《ごけにん》
- 御恩《ごおん》と奉公《ほうこう》
- いざ鎌倉《かまくら》

- 北条政子《ほうじょうまさこ》
- 執権《しっけん》
- 元《げん》

- チンギス＝ハン
- 蒙古襲来《もうこしゅうらい》（元寇《げんこう》）

室町《むろまち》

3章 3

- 後醍醐天皇《ごだいごてんのう》
- 足利尊氏《あしかがたかうじ》

- 室町幕府《むろまちばくふ》
- 応仁《おうにん》の乱《らん》

- 下剋上《げこくじょう》
- 金閣寺《きんかくじ》

- 銀閣寺《ぎんかくじ》

安土《あづち》桃山《ももやま》

2章 1

- 織田信長《おだのぶなが》
- 豊臣秀吉《とよとみひでよし》

- 徳川家康《とくがわいえやす》
- 天下統一《てんかとういつ》

- 明智光秀《あけちみつひで》
- 本能寺《ほんのうじ》の変《へん》

- 検地《けんち》、刀狩《かたなが》り

2章 2

- 一国一城令《いっこくいちじょうれい》
- 武家諸法度《ぶけしょはっと》

- 参勤交代《さんきんこうたい》
- 士農工商《しのうこうしょう》

- 鎖国《さこく》
- 長崎《ながさき》

どのくらいの言葉《ことば》を
思《おも》い出《だ》せたかな？
友達《ともだち》とためしてみよう！

江戸《えど》

1章 1

- 開国《かいこく》
- ペリー、黒船《くろふね》

- 坂本龍馬《さかもとりょうま》
- 西郷隆盛《さいごうたかもり》

- 徳川慶喜《とくがわよしのぶ》
- 勝海舟《かつかいしゅう》

- 明治維新《めいじいしん》

昭和《しょうわ》～大正《たいしょう》～明治《めいじ》

1章 2

- 富国強兵《ふこくきょうへい》
- 四民平等《しみんびょうどう》
（士農工商《しのうこうしょう》）

- 福沢諭吉《ふくざわゆきち》
- 『学問《がくもん》のすすめ』
- 廃藩置県《はいはんちけん》

- 殖産興業《しょくさんこうぎょう》
- 鉄道《てつどう》、銀行《ぎんこう》、学校《がっこう》
- 大日本帝国憲法《だいにっぽんていこくけんぽう》

1章 3

- 帝国主義《ていこくしゅぎ》
- 日清戦争《にっしんせんそう》

- 日露戦争《にちろせんそう》
- 満州国《まんしゅうこく》

- 日中戦争《にっちゅうせんそう》
- 太平洋戦争《たいへいようせんそう》

- 原子爆弾《げんしばくだん》
（広島《ひろしま》、長崎《ながさき》）

5章 1

- 連合国軍《れんごうこくぐん》
（GHQ《ジーエイチキュー》）
- マッカーサー

- 財閥《ざいばつ》の解体《かいたい》
- 日本国憲法《にっぽんこくけんぽう》
- 国民主権《こくみんしゅけん》

- 基本的人権《きほんてきじんけん》の尊重《そんちょう》
- 平和主義《へいわしゅぎ》
- ヤミ市《いち》

5章 2

- ソ連《れん》
- 共産主義《きょうさんしゅぎ》
- 朝鮮戦争《ちょうせんせんそう》

- サンフランシスコ
- 講和会議《こうわかいぎ》
- 日米安全保障条約《にちべいあんぜんほしょうじょうやく》
- 冷戦《れいせん》

- 東京《とうきょう》オリンピック
- 高度経済成長《こうどけいざいせいちょう》
- バブル景気《けいき》

平成《へいせい》

5章 3

- 阪神《はんしん》・淡路大震災《あわじだいしんさい》
- 地下鉄《ちかてつ》サリン事件《じけん》
- 東日本大震災《ひがしにほんだいしんさい》

- 福島第一《ふくしまだいいち》
原子力発電所《げんしりょくはつでんしょ》
- 高齢化《こうれいか》

- 少子化《しょうしか》
- 経済的格差《けいざいてきかくさ》

こども 日本《にっぽん》の歴史《れきし》

平成29年12月10日　初版第1刷発行

著　者：齋藤孝《さいとうたかし》

発行者：辻浩明

発行所：祥伝社《しょうでんしゃ》

〒101-8701

東京都千代田区神田神保町3-3

03(3265)2081(販売部)

03(3265)1084(編集部)

03(3265)3622(業務部)

印　刷　堀内印刷

製　本　積信堂

装　丁　鈴木千佳子

イラスト　いぢちひろゆき

ISBN978-4-396-61632-8 C8021

Printed in Japan

祥伝社のホームページ　http://www.shodensha.co.jp/